国家社会科学基金重点项目（18AGL002）
江西省青年井冈学者奖励计划　　　　　　　　资助
江西理工大学博士启动基金项目（jxxjbs18039）

有色金属矿山企业财务风险预警系统

刘贻玲　郑明贵　著

北京
冶金工业出版社
2019

内 容 简 介

本书根据有色金属矿山企业运营情况及特征，分析了矿山企业风险源存在的原因及其影响因素，运用系统动力学的方法对矿山企业各活动中影响因子进行了定性和定量综合分析，建立了财务风险控制各子系统的反馈分析模型，并运用系统动力学模拟软件 Vensim 对一个具体矿山企业的财务案例进行了实证分析和政策研究。

本书可供矿山企业管理人员阅读，也可供高校矿业工程管理等相关专业的师生参考。

图书在版编目(CIP)数据

有色金属矿山企业财务风险预警系统/刘贻玲，郑明贵著. —北京：冶金工业出版社，2019.11

ISBN 978-7-5024-8341-8

Ⅰ.①有…　Ⅱ.①刘…　②郑…　Ⅲ.①有色金属—矿山企业—财务管理—研究—中国　Ⅳ.①F426.1

中国版本图书馆 CIP 数据核字（2019）第 268373 号

出 版 人　陈玉千

地　　址　北京市东城区嵩祝院北巷 39 号　邮编　100009　电话　(010)64027926

网　　址　www.cnmip.com.cn　电子信箱　yjcbs@cnmip.com.cn

责任编辑　高　娜　美术编辑　郑小利　版式设计　孙跃红

责任校对　卿文春　责任印制　李玉山

ISBN 978-7-5024-8341-8

冶金工业出版社出版发行；各地新华书店经销；北京建宏印刷有限公司印刷

2019 年 11 月第 1 版，2019 年 11 月第 1 次印刷

169mm×239mm；8.75 印张；167 千字；128 页

47.00 元

冶金工业出版社　投稿电话　(010)64027932　投稿信箱　tougao@cnmip.com.cn

冶金工业出版社营销中心　电话　(010)64044283　传真　(010)64027893

冶金工业出版社天猫旗舰店　yjgycbs.tmall.com

（本书如有印装质量问题，本社营销中心负责退换）

前　言

矿山企业财务风险管理历来是矿山企业管理人员关注的焦点。矿山企业财务风险贯穿于矿山企业创造价值活动的全过程，在无法预料或难以控制的各种因素作用下，使企业最终实现的收益与所预期收益产生了偏差，给企业带来蒙受损失的可能性。因此，在矿山企业经营过程中，矿山企业为应对和规避所面临的财务风险，应通过识别风险，分析、评估风险可能造成的损失大小和影响程度，并采取有效手段和策略控制风险，以保障自身财务活动正常开展。

20世纪30年代以来，许多学者都在努力探索和研究多种财务预警模型来加强企业财务风险控制，一般的统计模型包括一元判定模型、多元判定模型、多元逻辑回归模型等，非统计模型包括神经网络模型和基于期权理论的预警模型等。然而，对有色金属矿山企业风险的产生原因缺乏一致性的结论。原因一是有色金属矿山企业风险的产生是各种因素共同作用的结果，这其中有企业外部的原因，也有企业自身的原因，还有可能是由风险控制缺陷带来的。二是当前对有色金属矿山企业风险控制的探索大都停留在理论探讨阶段或定性问题的研究之中，引用财务指标作为控制的重要策略虽然已经进行深入探讨，但也只是从一个侧面解决问题。影响财务风险发生的因素很多且极其复杂，有色金属企业自身特征不仅难以界定，而且很难控制，靠任何单一的行动都无法取得好的效果，必须以系统论、协同论的观点，从系统整体着眼，研究各要素之间的关系和协同作用机制，从不同的系统以及其间的反馈关系中寻求解决问题的办法，并且构建预警系统，从定量上达到及时、动态控制。三是对于有色金属企业财务管理的研究不多见。有色金属矿山的发展对于国民经济建设及提升国家综合经济实力都具有非常重要的作用，但国家经济形势及国家政策对有色金属企业发展的影响远远大于其对其他企业的影响。

本书的创新之处体现在三个方面：第一，通过 SWOT 法，结合有色金属矿山特有的财务特征，对矿山企业经营、筹资和投资等影响因素所产生的作用进行相应科学合理的分析，确定此类企业财务风险产生的原因，这在研究方向上有所创新。第二，运用系统动力学的方法对矿山企业财务风险系统中各影响因素以及之间的反馈关系进行一些定性和定量的综合分析，之后探讨如何有效建立一个适合有色金属矿山企业的系统动力学模型。本书将系统动力学引入有色金属矿山企业这一类特定企业的财务预警系统研究领域，是一个大胆而全新的尝试，这是对该行业在现有的研究方法上所进行的一次创新。第三，有效地运用有色金属矿山企业的一些相关数据进行模型的有效性检验和灵敏性分析。通过对模型的多次仿真运行，模拟因素之间的变化趋势，全面了解矿山企业运作过程，及时发现此类企业财务可能发生的一些问题和原因，并根据企业的现实情况，及时、有针对性地调整企业的经营策略，扭转此类企业经营情况恶化的趋势，这在研究内容及结果分析上有所创新。

本书研究内容包括以下三方面：第一，根据矿产资源开采的特点，从资源利用、运营过程、技术设备、环境保护等角度，对有色金属矿山企业运营情况进行全面梳理，通过 SWOT 法对有色金属矿山企业运营财务风险各影响因素进行分析，力图明晰企业风险产生的动因。针对政府、企业自身以及利益相关者就矿山企业运作的过程，对现行企业财务风险控制机制进行分析，从控制设计角度找出可能导致风险源产生的原因。第二，针对有色金属矿山企业运营情况及特征，分析矿山企业存在风险源的活动及其影响因素，梳理了现行企业财务风险控制方法及其存在的问题，充分利用会计学、统计学知识，结合系统动力学的方法对矿山企业各活动中的影响因子进行定性和定量综合分析，详细分析了有色金属矿山企业财务风险存在的环节和影响因素。通过有色金属矿山经营活动、投资活动、筹资活动在企业运作方面的情况，研究有色金属矿山现金流转系统内部的储量、开采量、经营、投资、筹资各现金流变量之间的数量关系和相互作用，重点应用系统动力学方法建立财务风险控制各子系统的反馈分析模型，以期构建动态系统下的矿山企业风险控制系统，力图使矿山企业风险能从源头上动态地得以控制，达到适时跟踪。这也是对传统财务风险控制方法的一种延伸和具体运用。第三，以一家铜矿企业为例进行应用，选取几组敏感因子通过系统动力学建模软件 VensimPLE 进行仿真运行分析，模拟该矿山各活动现金流量动态变化规律，分析现金流在数量、时间和结构比例的动态平衡，规范现金流入流出的时间、方式和流量等运作程序，防范财务风险，起到未雨绸缪的作用。

本书由江西理工大学应用科学学院刘贻玲、郑明贵教授负责整体设计、组织协调和统稿，江西理工大学谢林海教授和张友锋老师提供了大量资料。本书的出版得到江西理工大学应用科学学院教务办、经济管理系各位领导和老师的大力支持与热情帮助，在此一并表示感谢！

在编写过程中，作者参阅了大量的中外文献，引用了有关的最新数据和案例资料，在此对文献作者表示由衷的谢意！

限于作者的水平和经验，书中难免有不足之处，敬请广大读者批评指正。

作　者

2019 年 7 月

目　　录

1 绪 论

受2008年全球金融危机影响，中国有色金属行业遭受到较大冲击，有色金属产品供过于求，导致产品价格下跌，行业整体盈利水平下滑。2009年开始，国家大力整顿有色金属行业，并出台一系列政策调整和振兴有色金属行业。总体来看，产能过剩、价格下滑以及经营环境不确定性较高，部分企业濒临破产，是有色金属企业面临的普遍问题。另外，矿业项目建设期、投资回收期和运营期长，投资数额大，加大了矿山财务风险的可能性。我国有色金属矿山企业不断调整战略，加大筹资力度，也会给企业造成更大的财务风险。因此，在市场日益开放、竞争日趋激烈的新环境下，有色金属矿山企业如何适应新环境、提高抗风险能力，值得关注。

有色金属矿山企业运营系统是一个系统工程，它受到国家政策、地理环境、开采技术、地质储量和市场需求等诸多因素的影响，各因素之间相互关联、相互作用。现金流是企业发展的血液，企业经营活动的基础是充足的现金流量，投资者和债权人也密切关注现金流量。因此，如何控制好矿山企业的风险、保证资金充足、维持现金流动稳定，显得尤为重要。目前，有色金属矿山企业一般利用财务管理系统生成财务报表，根据财务指标进行风险管理，尚未开展基于现金流预警仿真的风险管理与控制。本书根据矿产资源开采特点，针对有色金属矿山企业经营、投资和筹资各现金流量问题进行预警研究有十分重要的意义。

本章在梳理有关有色金属矿山企业风险管理及预警文献资料的基础上，理清了构建适合有色金属矿山企业财务风险预警研究的基本思路及研究方法——系统动力学方法，阐明了本书的主要创新之处。

1.1 研究意义

1.1.1 理论价值

第一，基于国内外相关研究成果，梳理和总结企业运营管理中与预警控制相关的、已经显现的主要影响因子，通过系统分析矿山运营管理所具有的独特特征，找出影响矿山运营、投资、筹资各活动现金流量变化的关键影响因素，建立现金流预警模型，并对各变量设置相关数学方程式，为我国矿山企业在运营管理中的财务风险管理提供一个实用的预警模型，丰富了财务风险管理的研究对象及研究内容。

第二，利用系统动力学构建了财务风险控制各子系统的反馈分析模型，变量选取与有色金属行业、财务特征和风险源相结合，拓展了预警管理的研究思路与方法，完善了企业危机预警管理理论，这是对传统财务风险控制方法的一种延伸和具体运用。

1.1.2 现实意义

本研究的现实意义主要体现在以下三个方面：

第一，为找准有色金属矿山企业运营财务风险源的动因提供有力支持。本研究为全面真实反映有色金属企业的财务运行状况，进行科学的财务分析提供便利，进而为有色金属行业自身财务特征和行业面临的财产风险源提供研究思路。对于有色金属企业进行财务分析和风险源动因进行研究，找出有色金属矿山企业风险的影响因素有哪些，主要因素是什么，其影响度有多大。这些问题的回答有利于我们把握有色金属矿山风险存在的主要原因，有利于企业财务管理水平的提升，并及时发现财务活动管理中发生的失误，及时消除风险隐患，进而使企业加强风险忧患意识，提升风险预测及风险控制能力。

第二，对有色金属矿山企业财务存在的风险因素进行科学的识别。通过分析有色金属矿山的经营、投资、筹资等活动在企业运作中所发挥的作用，发现在构成不合理资金活动的众多环节中，哪些活动是有色金属矿山运营过程带来的，它又是通过什么途径来实现的。这些问题的解决有利于预防矿山企业风险的发生，分析其存在风险的诱因；有利于对财务风险的科学识别，借此提高有色金属企业对财务风险的认识，从而使企业更好地权衡利弊，达到在适当风险下得到较高收益的目的。

第三，使得建立针对有色金属行业财务风险预警系统具有可行性。建立有色金属矿山企业现金流预警的系统动力学模型，研究有色金属矿山现金流转系统内部的储量、开采量、经营、投资、筹资各现金流变量之间的数量关系和相互作用；通过计算机辅助技术，揭示有色金属矿山企业在经营活动现金流、投资活动现金流、筹资活动现金流之间的动态变化规律，预计企业未来现金存量的变化规律，保证矿山企业保持正常生产所必需的现金持有水平，防止矿山企业因现金流断裂而导致倒闭，并尽可能地避免企业资金闲置，从而使资金能够得到较好的利用；通过对模型的灵敏性分析和情景分析，预先发现矿山企业经营、投资、筹资可能发生的问题并予以修正调整。这些问题都可在有色金属矿山财务风险预警系统中得到分析解决，有利于为决策者提供前瞻性的预测信息，使管理者可以借助于这种财务预警系统，实时掌握公司财务状况可能发生的问题及造成这种情况的原因，并根据企业的具体情况，及时地、有针对性地调整企业的经营策略，避免公司经营恶性发展，防范财务风险，未雨绸缪。

1.2 国内外研究现状

从已有的文献资料来看，社会各界对有色金属矿山企业财务风险控制广泛关注，国内外学者已对有色金属矿山企业的财务风险管理展开了较为深入的研究，但是把有色金属行业风险和财务预警定性与定量相结合的分析比较少，更多研究成果主要是提供原则性、指导性的意见。

1.2.1 财务风险管理方面的研究

1.2.1.1 关于财务风险管理概念的研究

西方国家早在19世纪初就已经开始关于风险的研究，经济学家最早将风险引入科学领域，国外学者 Haynes（1895）教授最先开始对企业财务风险进行理论研究[1]。A. H. Will（1901）提出了风险管理这个概念，从保险业的角度分析风险与损失之间的内在联系[2]。F. Y. Lin，S. McClean（2001）提出公司可以通过转变经营方式的方法来实现资产折现，并达到防范财务风险的目的[3]。20世纪50年代，美国学者莫布雷第一个专门研究企业财务风险管理，英国著名学者 Bannister 和 Bawcutt 非常重视财务风险防范，M. Hultqvist，I. Gudowska（2010）强调只有控制和消除财务风险，企业才能健康发展[4]。美国学者 Gleason（1991）提出财务风险管理的思路，并对企业面临的所有财务风险进行定性分析，然后建立模型对企业在经营中的总财务风险进行数据分析，最后在企业内部成立专门的部门负责财务风险防范[5]。美国的威廉斯及史密斯（2000）提出了企业财务风险管理要素（五个方面）：风险识别，确定企业财务风险管理任务；风险评估，即分析企业所存在的潜在财务风险及一些不确定影响因素；风险防范，对企业所面临的财务风险进行有效的预防；重点考察企业的融资财务风险；风险反馈，跟踪企业财务风险防范所获得的信息和效果[6]。美国 COSO 委员会（2004）提出了《企业财务风险管理框架》，包括内部环境、目标制定、事项识别、企业财务风险评估、企业财务风险反应、防范活动、信息和沟通，以及监控八个方面[7]。国际会计准则理事会（2009）发布了全新的《国际财务报告准则》，构建内部会计防范为主、外部监控为辅的企业财务风险控制体系[8]。马柯威茨、威廉和米勒等针对股票财务风险进行分析，提出了资本资产定价模型，为后续财务风险理论研究提供了理论依据[9]。

1.2.1.2 关于风险管理与控制的研究

OhLih-Bin（2007）等人提出了将信息技术能力嵌入到企业风险管理中，从而使其更好达到风险控制的效果。他运用一定的信息技术，提升了风险测量、风险控制和风险监控能力[10]。Pierre Lequeux（2011）利用 Matlab 软件建立 GARCH 模型，考虑风险的内生性、金融市场的反馈效应，通过创新性编程来阐述风控的运作，实现研究的创新，从而得出将风险管理纳入到风险框架中的必要性，并且作出了全面的财务风险预测结论[11]。Muhammed Altuntas（2011）以德国 95 家的财产责任保险公司的调查数据为背景，对详细的保险公司企业风险管理的实施进行了研究。通过调查数据可以发现，实施企业风险管理方案的公司中，其财务状况有了很大的改善与变化。结果表明，挑战与困难无处不在，但企业风险管理正慢慢地成为企业重要的管理程序，企业要想获得成功，企业风险管理非常重要[12]。

1.2.1.3　关于财务风险预测及应用领域的研究

Jose Salvador Snchez（2012）提出利用多准则决策工具给出算法的排序，是因为在针对财务风险预测中，探讨了多种分类模型，但利用不同的性能评价方法时，其结果可能会有所不同。结果表明，如果使用一种独特的性能指标可能会导致一些不可靠的结论，而面对这种情况，可以通过多标准决策技术的应用来克服[13]。R. Allen，S. Vani（2013）认为在很多国家，国有企业仍然具有重要的社会地位。他们一起商讨了如何通过将国有企业纳入一个监管框架，制订健全的法律，并且加强对这些国有企业治理和监督的安排，从而减轻企业的财务风险[14]。Abraham（2013）研究开发了一种模型，能够评估财务风险，披露质量，并将该模型应用于食品生产和加工部门的四家公司。他强调包括管理者、监管者、审计人员和用户在内的利益相关者，都为提高风险报告质量方面做出了至关重要的作用；同时，因地制宜采用“遵守或解释”方法来保持报告的灵活性，从而提高企业年度报告中关于风险因素披露的相关性[15]。一方面，Idris（2016）针对马来西亚等东南亚发展中国家的企业，应用创新扩散理论，目的是中小企业的风险管理需要考虑这个决定因素，并且大胆地提出一个概念性的框架。所以，对这一特定领域的各种文献中可以了解和概括出有两个因素或决定因素：组织特征和技术属性[16]。另一方面，Nadezhda A. Serebryakova（2017）讲述了风险管理应用系统与企业可持续发展的互联互通问题，它认为现代条件下独立主体对环境运行的适时反应能力与其发展的稳定状态和可接连性有关。为了促使企业的可持续发展，有必要发展风险管理系统，因此他提出的风险管理的观点为先发制人，主要考虑风险的外在因素以及造成企业财务风险的关键因素[17]。之后，Hatem BenAmeur（2018）等人也相继总结了近些年关于公司政策、财务理论以及金融风险等方面的成果，这些总结性分析具体包括了金融风险评估与控制、对市场的分析、风险控制下的最优投资组合分配，为我们了解最新的财务理论、化解财务风险、熟悉近期国际经济和货币危机以及公司治理的问题提供了宝贵的借鉴[18]。

1.2.2 有色金属矿山企业财务风险管理方面的研究

1.2.2.1 有色金属矿山企业运营管理方面的研究

A 有色金属资源开采乱，利用率不高

谢家青（2007）认为中国属于世界上金属矿产资源比较丰富的国家之一。但总体来看，无序开采情况还很严重，无疑造成了资源枯竭和环境污染的问题[19]。范良伍（2007）认为，目前市场环境不容乐观，呈现不景气现象，造成企业在矿山勘察投入方面呈递减趋势，并且许多已有的矿山资源经过了若干年的开采，已经基本枯竭殆尽，而后备资源接替基地匮乏，无法满足对资源的需求。因此，目前有色金属资源呈现出资源丰富与危机并存的现状[20]。

B 矿山企业运营过程复杂、限制性条件多

张荆京（2013）认为有色金属矿山企业运营过程作为一个复杂的大系统，首先它需要矿山资源、设备、资金和劳动力等的投入，然后再进入加工生产阶段，比如生产勘探、采矿、选矿、检验包装等，最后形成矿产品、劳务及利润。然而，当前我国有色金属矿山企业的生产对象具有有限性和不可再生性，这种属性决定了矿山企业的生产会受到一定的制约。同时，有色金属矿山作为一种资源，国家出于安全考虑，对矿山企业的生产进入和退出壁垒要求比较高，经营、管理的限制性条件比较多，如国家政策、资金、技术、人力资源等；矿产品的商品价格波动也比较强，它随着供求量的变动上下波动较大[21]。

C 矿山企业各种投入大，成本控制薄弱

刘勤兰（2009）认为有色金属矿山企业大型投入较多，如固定资产、生产建设项目，且矿山企业的固定资产与一般生产性企业的固定资产有着明显的不同。生产性，如辅助生产性的建筑物多，且大型、重型机械较多，这些设备的有形磨损和无形磨损都较大，投入资金较大。具体包括：矿产资源开发投资，主要有矿产权、矿产资源开采投资、采矿、选矿设备、安全防护装备；环境治理投资，主要有废气、废水、固体废弃物处理，土地复垦；在建工程投资，主要有生产性建筑物、房屋建筑物和辅助生产性建筑物[22]。赵工业（2014）提出了我国工业企业现行成本控制和管理中存在的对成本管理意识认识不足、方法和措施落后、缺乏监督管理、虚假数据信息、缺少系统的控制、成本管理只着重生产环节等问题，并对问题进行了原因分析，表述了自己观点，提出了企业成本控制与管理的相应对策措施和方法，以寻求得到企业最大的经济效益和持续发展空间[23]。周梦等（2017）采用系统动力学方法（SD）构建了矿用辅助材料总成本的SD模型，通过对矿用辅助材料成本模型进行动态分析，以期达到降低矿用辅助材料成本、提高矿山经济效益的目的[24]。杨苇、刘晓歌等（2018）通过剖析目前矿山企业成本管理普遍存在的问题，分析影响矿山企业成本的资源禀赋、企业内外部条件因素，并从战略管理、价值链分析、技术改造的角度提出加强矿山企业成本有效控制的改进措施[25]。

D 有色金属矿山环境保护意识淡薄

周旭日（2006）提出在“绿水青山也是金山银山”的理念下，江西发展有色金属工业循环经济是非常有必要的，也是可行的[26]。刘建兴（2007）等人结合有色金属行业的生态特点、内部结构特征及其变化，提出了有色金属行业面临的环境压力[27]。李慧、钟莉（2010）分析了有色金属采矿业遵循成本效益原则，探讨成本效益下如何进行环境管理[28]。刘贻玲（2013）认为有色金属矿山生态环境的广泛破坏，诸如空气、水土、植被、地形地貌和自然景观等生态环境不同程度的污染破坏，根源于一些矿业企业只关心自身经济效益，而忽略社会效益、生态效益，造成了矿产资源不合理开发、无序开采。因此，需要投入大量人力、物力、财力进行生态环境恢复治理[29]。

E 其他方面

郑延智、王力（2009）通过实证研究，发现有色金属行业上市公司的价值与国有股比例不显著相关，与流通股比例呈正相关，与法人股比例、股权集中程度及资本结构呈负相关[30]。黄鸿、蒋晓全（2010）利用 Johansen 协整检验、格兰杰因果检验等方法选取一些具有代表性的有色金属行业上市公司，对他们进行期货价格与股票价格相关性研究，结果表明，期铜、期锌对相关股票的价格发现功能优于期铝[31]。廖锦成（2010）探讨了后危机时代经济全球化呈现的特征，对有色金属产业可持续发展的后续影响[32]。陈纪南、孙建（2011）分析了我国有色金属行业上市公司的股利分配特点、结构特征及影响因子，并提出了相关优化策略[33]。李壮阔、刘星（2007）通过调研有色金属企业资源供应商，侧重从生产能力方面对供应商相关信息进行选择，运用模糊层次分析方法，评价了有色金属企业供应商，并进行了实证分析[34]。周松涛（2009）描述了有色金属产业集群的创新网络具有混沌特征，提出可以通过调整集成单元的聚集能力来调节集群创新网络的发展速度及水平[35]。钟怡宏（2015）从多角度深入分析有色行业上市公司风险水平，分别从企业性质、产业链、行业类别以及企业规模四个不同的角度，发现非国有有色行业上市公司的风险状况不断变好，而国有有色行业上市公司的风险状况正在恶化；产业链后端的有色金属行业的上市公司风险平均都要小于产业链前端上市公司；铝行业、铜行业、铅锌行业上市公司的风险状况不乐观，大都处于中下游水平，风险较大；2013 年有色行业中型上市公司风险状况要好于大型上市公司[36]。周小芳（2015）从渠道关系的视角构建了营运资金管理绩效评价体系，并用其表示中国有色金属行业的营运资本和经营状况[37]。徐禹（2016）以有色金属行业上市公司为样本研究投资支出和现金流之间的敏感性关系，这种关系是由自由现金流假说下的过度投资所引起的；国有有色金属行业上市企业的投资-现金流敏感性小于民营有色金属行业上市企业；有色金属行业上市企业的投资-现金流敏感性随着现金存量的增加而增加[38]。黄智勇（2016）从行业整体、产业链环节、所有权类别、规模类别和区域类别的角度分别对有色金属行业的经营效率变动情况以及影响经营效率的因素做了详细的比较分析[39]。朱星汉（2017）选用坏账准备比率、应收账款回收期、应收账款相对规模、应收账款增长率与营业收入增长率的差额、平均账龄5个指标来度量应收账款风险；从内部控制质量、主营业务盈利质量、公司业绩以及公司规模四个方面研究应收账款风险的影响因素；最后，从事前控制、事中管理、事后跟踪三个方面入手，提出降低有色金属行业上市公司应收账款风险的建议[40]。杨智鹏（2018）以产业结构优化为视角，从合理化、高级化、高效化三个维度分别分析云南有色金属产业结构优化的措施。此外，通过熵值法分析产业结构的稳定，从投入产出来分析产业结构的效率，以及对云南有色金属产业仿真模拟等[41]。

1.2.2.2 有色金属矿山企业财务风险管理存在问题的研究

晁雅静（2011）对矿山企业财务风险产生的原因进行了分析，认为风险成因具体表现在：企业处在情况变化多端的财务管理的大环境即宏观环境中。对于矿山企业来说，大环境主要有以下几个方面：国际、国家产业政策，政局环境、经济环境等；有待完善的企业内部财务微观环境，如企业筹资难以保证良好的资本结构，企业经营中赊销比重相对较大，财务风险重视程度不够。大部分矿山企业没有建立起以财务风险为主要对象的预测、预警、防范和控制系统，没有建立起相对完善的财务制度[42]。李翠微（2014）认为有色金属企业的财务风险管理普遍存在一些问题，这些问题包括财务风险管理意识差、财务风险预警体系不健全、财务风险管理制度不规范、财务决策程序不科学等，给企业带来了严重的财务风险[43]。张瑶（2017）基于经济景气理论和财务分析理论，以数理统计方法为工具，利用会计信息编制出用以反映一个行业总体动态运行状况及发展趋势的指数系统[44]。

早在20世纪的早期，国外就有一些学者进行了以财务风险预警的相关问题为主要对象的研究，并且重点是从财务风险的角度进行切入，探究预警模型的构建问题。而我国学者在国外学者对该问题研究的已有基础之上，对财务风险预警的相关问题进行了研究。

1.2.3 财务预警方面的研究

目前许多研究学者已发明了多种财务预警模型来加强企业财务风险控制，一般的统计模型包括一元判定模型、多元判定模型和多元逻辑回归模型等，非统计模型包括神经网络模型和基于期权理论的预警模型等。1932 年，Fitzpatrick 最早对财务预警模型进行了研究，通过对 19 家样本公司进行实证分析，选用单个财务比率将样本划分为破产和非破产两组，发现“股东权益/负债”和“净利润/股东权益”这两个比率对财务危机的判别能力最高[45]。1966 年，Beaver 首次运用统计方法建立了单变量财务预警模型。他选取了美国 1954~1964 年间资产规模相同的 79 家经营失败企业和 79 家正常经营的企业进行对比研究，使用 30 个财务比率进行分析，发现具有良好预测性的财务比率依次为债务保障率（=现金流量/负债总额）、资产收益率（=净收益/资产总额）、资产负债率（=负债总额/资产总额）。该模型分析较为简单，但不能综合说明公司整体财务状况，选择不同的预测指标可能得出不同结论[46]。目前，最常见的方法就是财务困境预测法，最早由 Altman（1968）开始研究的多元线性判定模型。又被称为 Z Score 模型。多元判别方法的基本原理是，通过统计技术筛选出那些在两组间差别尽可能大而在两组内部的离散度最小的变量，从而将多个标志变量在最小信息损失下转换为分类变量，获得能有效提高预测精度的多元线性判别方程[47]。Altman（1977）构建了第二代 Z 模型（Zeta），该模型考虑了能反映企业规模与盈余稳定性指标的两个变量，是一种能够反映当时企业财务危机预警模型最新研究进展的预警模型[48]。Ohlson（1980）把 1970~1976 年间的 105 家破产公司和 2058 家非破产公司组成了非配对样本，运用逻辑回归方法将样本数据建立 Logit 多元逻辑模型，选择 9 个自变量分析样本公司在破产概率区间上的分布、两类判别错误和分割点的关系，最终发现了至少四类显著影响公司破产概率的变量，如公司规模、资产结构、公司业绩和当前资产的变现能力[49]。

随着现金流量观念的逐渐发展，公司价值等于期望的未来现金净现值，Aziz、Emanuel 和 Lawson（2010）提出了利用现金流量信息预测财务困境模型。他们把破产公司和非破产公司的数据相匹配，发现在前 5 年里两类公司经营现金流量均值和现金支付的所得税均值有显著差异[50]。神经网络模型是一套人工智能系统，它通过模拟生物神经系统的模式，不断重复训练过程，从而通过经验的积累达到学习的效果。Odam 和 Sharda（2012）利用类神经网络理论与多变量区别分析法构建了财务危机预警模型，进行数据模拟分析，最后针对两者之间的区别进行正确率比较[51]。

1.2.4 有色金属矿山企业财务预警方面的研究

1.2.4.1 国内学者关于企业财务预警方面的研究

A 关于财务预警方法的研究

在市场日益开放、竞争日趋激烈的新环境下，上市公司将面临较大的财务风险。因此，不少学者通过借鉴国外的财务危机预测成果来研究我国的上市公司。虽然国内关于财务预警研究起步较晚，采用单变量模型进行研究的不多，但依旧有一些研究带来不错的反响。其中，影响较大的是陈静（1999）的研究，她把27家ST公司和非ST公司配比，利用它们1995~1997年的报表数据进行单变量研究。研究发现，资产负债率和流动比率的误分类率最小，利用多元判定分析中公司被宣告特别处理的前一年的准确率较高，越远离宣告日，准确率越低，此现象和单变量的判定是一样的[52]。吴世农、卢贤义（2001）也进行了单变量分析，分别选择70家正常的公司和70家陷入财务困境的公司，采用单变量判别模型和LPM模型、Fisher线性判定模型、Logistic回归模型三种多元判别模型进行比较判断，结果发现多变量判别模型要好于单变量判别模型，而且在这三种多变量判别方法中，Logistic回归模型的判定误判率最低[53]。朱乃平、孔玉生（2007）利用主成分分析法建立我国工业上市公司的财务危机预警模型，指出主成分分析法是一种科学的统计方法[54]。我国学者杨保安等（2001）针对判别分析方法在构建财务危机判别模型中存在的问题，把神经网络分析方法应用于企业财务危机判定与预测[55]。杨淑娥、王乐平（2007）基于BP神经网络和面板数据建立了上市公司财务预警模型，此模型对于进行企业中长期预警具有广泛的实践应用价值[56]。

B 关于预警指标选取的研究

2004年以前，很多人主要是从会计比率类指标出发进行危机预警的研究，没有引入现金流量类指标。但是现金流量可以更有效地反映一个企业的价值和将会发生财务困境的可能性，使用现金流量类指标可以有效评估和预测一个企业财务的相关状况。谭久均（2005）引入了销售现金比率、经营活动现金流入比与现金流动负债比等三个现金流量类比率[57]；袁康来（2009）在我国农业上市公司的经营现状上，以现金流量为切入角度，运用SPSS、Excel等相关软件，利用主成分分析法成功建立了判断一个上市公司是否发生财务危机的预警模型[58]。周谦（2010）以现金流量为基础建立财务预警模型，测度企业连续几年的财务预警综合指数，并分析其变化趋势，以期实现及早发现财务危机信号的现实可行性[59]。王洪艳（2015）通过选用生物制药行业为研究样本，运用费希尔判别分析法，构建了一个具有生物制药行业特色的财务预警模型。结果表明，该模型可以用于生物制药行业的财务预警[60]。符刚、曾萍等人（2016）通过实证分析，运用全局主成分分析法，构建了 Kalman 滤波法与融合神经网络相结合的财务预警模型。研究发现，该模型对企业的财务风险可以起到很好的警示作用，有良好的预判效果[61]。宋彪、朱建明等人（2015）借助互联网平台，通过传感器信号与收集的财务数据构建“大数据”财务风险预警模型，最后进行结果分析及验证得出大数据下的财务共享数据包，大大提高了预测准确性，为科学决策提供了有力的依据[62]。黄德忠、朱超群（2016）于 2010~2013 年共挑选出 144 家上市公司，其中有 48 家第一次被警告的上市公司以及 96 家配对的正常公司，利用以上公司的财务数据，将财务预计模型分为两大模块——未引入资产质量指标和引入资产质量指标，并进行相关比较，发现前者引入的指标做出的财务风险预测准确性要高于后者，也即资产质量指标的引入可以有效地提高财务风险预测准确性[63]。杨志丹（2018）从行业发展现状、影响因素以及分析框架三个方面对有色金属行业的财务可持续发展现状做出了分析[64]。

1.2.4.2 国内学者关于有色金属矿山企业财务预警方面的研究

近几年，随着国内企业出现破产现象增多，各学者对财务预警的相关研究增加了兴趣，随之开展的研究增多，并取得了一定的成果。但经过文献检索，目前结合有色金属行业进行财务预警分析的研究比较少。

黄圣洲（2009）着重从识别风险源的角度，提出关键的风险评估因素，有色金属上市公司筹资风险、投资风险、外汇风险等，并提出相关的风险管控策略[65]。师旭丽（2008）通过对我国金属非金属行业上市公司进行实证分析，运用因子分析法建立了金属非金属行业的财务危机预警模型[66]。王德青、孙玲玲（2010）等学者，深入分析我国有色金属行业国内外影响因素，结合有色金属行业的自身特征，建立了适合有色金属行业的预警指标体系及模型，并提出了保障有色金属矿山企业持续健康发展的宝贵意见及建议[67]。崔岗（2010）等学者深入分析了我国有色金属行业新形势所带来的一系列问题，尤其探讨了资源安全、生产储备等方面的问题，提出了推进安全生产工作的建设性意见[68]。刘际陆（2011）从营运资金管理与企业经营绩效之间的关系出发，以我国有色金属行业上市公司为研究对象进行相关分析[69]。赵春艳（2012）结合有色金属行业内部、外部环境进行 SWOT 分析，提炼出有色金属上市公司财务管理的现状及存在的问题，提出运用金融工程化方法和手段进行财务风险管控的策略[70]。沈洪涛（2012）选取了 5 家有色金属行业 ST 公司作为研究样本，同时选取了 20 家全国有色金属优质上市公司进行配对分析，然后针对这些公司的财务指标（6 大类 33 个）进行双尾 T 检验[71]。刘小莉（2012）结合我国有色金属行业特征，选取了盈利能力、偿债能力、发展能力、营运能力四个方面财务指标进行统计分析，提出了利用因子分析法和杠杆分析法对我国有色金属企业的财务风险进行度量测评，结果证明是可行有效的[72]。李卫华（2012）提出矿山企业流动性风险的防范、矿山企业银行票据风险的防范、矿山企业财务管理中会计规范化的方法[73]。刘卫常（2015）等构建了矿业环境风险预警防控机制，对矿业生态环境质量状态的变化和生态系统演变现状进行了预测并做出了评价，以此确定矿业环境质量变化的趋势、速度和状态，并对风险危机状态进行事先提醒和警告[74]。潘继征（2016）进行了民营有色金属矿山企业财务危机预测的约束参量分析，采用财务收益率、银行利差和金融流动性指标等因素进行预测建模，实现企业财务危机关联特征分解，达到了准确预测的效果[75]。杨苇（2018）等分析了影响矿山企业成本的资源禀赋、企业内外部条件因素，并从战略管理、价值链分析、技术改造的角度提出加强矿山企业成本有效控制的改进措施[25]。

1.2.5 研究述评

通过分析已有文献可以发现，有色金属矿山企业的财务风险管理已引起了学术界的大范围关注。总体来看，财务预警理论研究比较成熟，成果较为丰富。存在的主要问题是：针对有色金属矿山企业财务风险预警的系统性研究成果较少，实证研究相对缺乏；预警控制指标中定性指标较多，定量指标较少；多数研究侧重于财务指标，未考虑现金流量指标；依赖线性函数构建模型较多，对一些非线性函数耦合模拟复杂问题构建预警模型较少。

学术界还需进一步深入研究的原因：

一是对有色金属矿山企业风险的产生原因缺乏一致性结论。有色金属矿山企业风险的产生是各种因素共同作用的结果，这其中既有企业外部的原因，也有企业自身的原因，还有可能是由风险控制缺陷带来的。这其中谁是主导因素，各自影响率有多大，它们之间是如何相互影响的，这些问题都需要进一步的研究。

二是当前对有色金属矿山企业的风险控制的探索大都停留在理论探讨阶段或定性问题的研究之中，引用财务指标作为控制的重要策略，只从一个侧面解决问题。财务风险发生的影响因素是复杂繁多的，有色金属企业自身特征难以界定和控制，仅仅采用单一的行动无法取得令人满意的效果，必须采用系统论和协同论理念，从系统整体出发，研究各要素之间的相互关系和协同作用的机制，从不同的系统和得到的反馈关系中去寻求有效控制问题的一些好办法，通过构建预警系统从定量上进行及时、动态的控制。

三是对于有色金属企业财务管理的研究不多见。有色金属矿山的发展对于国民经济建设及提升国家综合发展实力都起到非常重要的作用，而国家经济形势及国家政策对有色金属企业发展的影响远远大于其对其他企业的影响。有色金属企业的发展情况与其他企业有何差异，造成差异的原因是什么，应该如何建立适合有色金属矿山财务风险控制机制，这些问题都值得进一步探讨。

本研究的独创性在于：专门针对有色金属矿山企业现金流预警进行系统性研究；评价指标尽可能定量化；将系统动力学方法引入财务预警模型，对复杂的现象进行有效模拟，使预警结果更具准确性和科学性。

1.3 研究内容、思路及方法

1.3.1 研究内容

通过研究，解决矿山企业资金运作过程中存在风险源的活动及对其影响因素缺乏系统性、科学依据等问题。通过引入系统论和协同论理念思想，借助系统动力学方法，注重系统思考，研究各要素之间的关系和协同作用机制，从不同的系统以及其间的反馈关系中寻求能够有效解决问题的办法，并且构建预警系统，从定量上达到及时、动态的控制。

(1) 关于有色金属矿山企业财务风险影响因素及反馈关系的研究。为什么近几年来有色金属矿山企业举步维艰，甚至大量举债经营，最后导致财务负担过重至破产？在市场日益开放和竞争愈演愈烈的环境下，我国有色金属企业如何适应新形势，提高风险防范意识和抗风险能力，成为企业管理者面临的一个棘手的问题。

通过对现有文献资料的分析以及对相关矿山企业的访谈、实地调研，结合一般企业具备的经营活动、投资活动和筹资活动的特点和变化规律对矿山企业进行针对性分析，并对其资金使用情况进行分析梳理，以期找到影响企业财务风险的关键因素，分析各因素之间的因果反馈关系，揭示主要影响因素作用机理，为构建有色金属矿山企业财务风险预警系统做准备。

(2) 关于有色金属矿山企业财务风险预警系统的研究。在对矿山企业各活动中的反馈影响因子进行定性综合分析之后，引入系统动力学的相关理论和方法，构建有色金属矿山企业财务风险预警动态系统各子系统模型，如资源储量子系统模型、资源开采子系统模型、矿山经营活动子系统模型、矿山投资活动子系统模型、矿山筹资子系统模型，以及矿山现金流预警指标系统模型。

1）资源储量开采子系统模型。为了对矿产资源储量情况、开采情况有充分的了解，需要考虑它们未来的变化趋势是否可以预测。通过文献资料分析，矿床规模、周边生态环境负荷能力等因素可影响矿产资源储量，矿山企业的生产经营极大依赖于矿产资源的储量及其开采。通过对愿景储量、边界品位、年选矿量等进行数据分析，借鉴系统动态反馈关系，构建资源储量子系统、资源开采子系统模型，对矿产储量及开采的发展态势进行检测和预测，起到预先提示资源开发经营的预警作用。

2）矿山经营活动子系统模型。该模型是为了对企业经营活动净现金流量的变化情况有充分的了解，解决经营活动净现金流量收支的临界值如何识别的问题。根据矿产品销售量及其价格、现销比重测定现金流入量，结合原材料购置费、矿山人员相关支出、经营成本、管理费用、营业费用、矿山企业相关税费等测定现金流出量，从而提前得知净现金流量收支情况的动态警限。

3）矿山投资活动子系统模型。该模型是为了对矿山投资活动净现金流量的变化情况有充分的了解，解决投资活动净现金流量收支的临界值如何识别的问题。根据投资收回、投资效益、处置固定资产等相关设备带来的收益测定现金流入量，结合开采开发资源、环境破坏需要修复、设备等基础设施建设、安全设施等投入测定投资现金流出量，从而提前得知投资净现金流量收支情况的动态警限。

4）矿山筹资活动子系统模型。该模型是为了对矿山筹资活动净现金流量的变化情况有充分的了解，解决筹资活动净现金流量收支的临界值如何识别的问题。根据资料，有色金属矿山企业需要大量的资金维持固定资产的投资，另外环保投资及正常的企业运转还需要进行，由此，除企业现有资金外，银行借款和吸取外来投资等成为必不可缺的资金来源。这样，相应的支出就有了相关利息和应付股利。通过构建筹资活动子系统模型，可以提前得知筹资活动净现金流量收支情况的动态警限。

5）矿山现金流预警指标系统模型。该模型是为了分析有色金属矿山企业在盈利能力、偿债能力、营运能力及发展能力四方面的财务状况，判断应该如何通过指标进行预警。根据财务分析理论，构建矿山企业现金流预警指标，如偿债能力指标（即付比率、现金负债比率）、财务弹性分析指标（现金股利保障倍数、资本购置比率、全部现金流量比率）、获现能力分析指标（销售现金比率、每股经营现金净流量）、现金流量结构分析指标（经营现金流入流出比）。通过各种现金流量财务指标的变化情况，可以及时了解企业各环节发生或可能发生的风险，并发出预警信号，为管理层提供决策依据。

（3）关于有色金属矿山企业财务风险预警系统动态仿真模拟研究。根据矿山企业各活动现金流量反馈结构流图分析，并拟合实际系统的主要特征建立方程式，再通过 Vensim PLE Plus 系统动力学软件对模型进行量纲一致性检验，进而模拟出基本的财务预测趋势；为实现企业矿区储量、采选、经营、投资、筹资等各方面的协调发展目标，通过对企业现金流变化趋势预测方案进行有效性评价，从中寻找较优的发展方案，同时适时修正矿山企业财务风险预警系统动态仿真模拟成套方案参数。

1.3.2 研究思路及方法

首先，通过文献回顾和对某铜矿矿山企业的调研，初步分析有色金属矿山企业财务管理中可能存在的问题；然后，通过深度访谈和统计数据分析，了解并掌握有色金属矿山企业财务风险控制效果及存在问题；在此基础上，对有色金属矿山企业财务风险控制的理论进行深入分析，提出有色金属矿山企业在动态系统下的财务风险控制模型，并提出相关政策性建议。

采取的研究技术路线如图 1-1 所示。

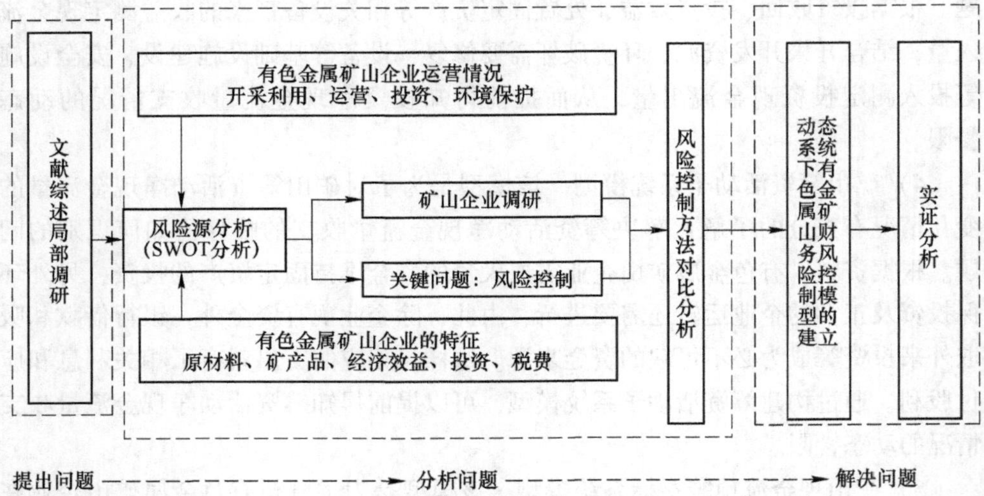

图 1-1 技术路线图

整个研究采用定性与定量、理论与调研相结合的方法进行，但在对不同内容进行研究时，使用不同的研究方法。如在定性分析时，采用文献法、SWOT 分析法和归纳法；在数据收集时，采用问卷调查法、访谈法和文献资料法；在定量研究时，采用统计分析法和系统动力学方法。本书运用系统动力学的方法对矿山企业财务风险系统中各影响因素及之间的影响关系进行定性和定量的综合化分析，进行相应的深入探讨，建立了一个有色金属矿山企业的系统动力学模型。关于系统动力学方法的详细介绍见本书第 4 章。

1.4 主要创新之处

（1）研究方向的创新。通过 SWOT 法结合有色金属矿山特有的一些财务特征，对矿山企业经营、筹资和投资等影响因素所产生的作用进行相应的科学合理的分析，确定此类企业财务风险产生的原因。这在研究方向上有所创新。

（2）研究方法的创新。运用系统动力学的方法对矿山企业财务风险系统中各影响因素及之间的反馈关系进行定性和定量综合分析，之后探讨如何有效建立一个适合有色金属矿山企业的系统动力学模型。本书将系统动力学引入到有色金属矿山企业这一类特定企业的财务预警系统研究领域是个大胆而全新的尝试，是对该行业在现有的研究方法上所进行的一次创新。

（3）研究内容及结果分析的创新。有效地运用有色金属矿山企业的一些相关数据进行模型的有效性检验、灵敏性分析。通过对模型的多次仿真运行，模拟因素之间的变化趋势，全面了解矿山企业运作过程，及时发现此类企业财务状况可能发生的一些问题和原因，并根据企业的现实情况，及时、有针对性地调整企业的经营策略，扭转此类企业经营情况恶化的趋势。这在研究内容及结果分析上有所创新。

本章小结

本章从我国有色金属矿山企业风险管理的意义出发，梳理了国内外关于财务风险及预警管理研究的文献资料，找到了研究的主要问题，提出了构建有色金属矿山企业财务风险预警动态系统各子系统模型的研究思路及研究方法，并阐明了本书的创新之处。

参考文献

[1] Haynes J. Risk as an economic factor [J]. The Quarterly Journal of Economics, 1985, 9 (4): 409~449.

[2] Will A H. The economic theory of risk and insurance [M]. California: university press of the pacific, 1901.

[3] Lin F Y, McClean S. A data mining approach to the prediction of corporate failure [J]. Applications and Innovations in Intelligent Systems, 2001, 14 (3): 93~106.

[4] Hultqvist M, Gudowska I. Secondary doses delivered to an anthropomorphic male phantom under prostate irradiation with proton and carbon ion beams [J]. Radiation Measurements, 2010, 45 (10): 1410~1413.

[5] Schmid R, Gleason H A, Cronquist A, et al. Manual of Vascular Plants of Northeastern United States and Adjacent Canada [J]. Taxon, 1991, 53 (2): 619.

[6] 罗福凯．财务理论专题 [M]．北京：经济管理出版社，2004.

[7] 朱荣恩，贺欣．内部控制框架的新发展——企业风险管理框架 [J]．审计研究，2003 (6): 11~15.

[8] 冯淑萍．国际会计准则理事会咨询委员会第三次会议有关情况及体会 [J]．会计研究，2002 (5): 3~9.

[9] 张晓莉，孙朝阳，刘大为．基于蚁群算法的财务风险预警模型构建——以纳斯达克上市公司 A 企业为例 [J]．企业经济，2015 (1): 90~93.

[10] Oh Lih-Bin, Phua Teck-Wee, Teo Hock-Hai. A conceptual model for IT-enabled enterprise risk management in financial organisations [J]. Proceedings of the 15th European Conference on Information Systems, 2007: 419~429.

[11] Lequeux, Pierre. Financial risk forecasting: The theory and practice of forecasting market risk with implementation in R and MATLAB [J]. Journal of Derivatives & Hedge Funds, 2011, 17 (3): 279~280.

[12] Muhammed Altuntas. Implementation of Enterprise Risk Management: Evidence from the German Property-Liability Insurance Industry [J]. The Geneva Papers on Risk and Insurance Issues and Practice, 2011, 36 (3): 414~439.

[13] Jose Salvador Snchez. Assessment of Financial Risk Prediction Models with Multi-criteria Decision Making Methods [C]//Proceedings of the 19th International Conference on Neural Information Processing - Volume Part II. 2012.

[14] Allen R, Vani S. Financial Management and Oversight of State-Owned Enterprises [M]. The International Handbook of Public Financial Management. 2013.

[15] Abraham S, Shrives, Philip J. Improving the relevance of risk factor disclosure in corporate annual reports [J]. British Accounting Review, 2013, 46 (1): 91~107.

[16] Idris S M M, Abdullah A. A Conceptual Framework on Determinants of Enterprise Risk Management (ERM) Adoption: A Study in Manufacturing Small and Medium Enterprises (SMEs) [C] //Proceedings of the 1st AAGBS International Conference on Business Management 2014 (AiCoBM 2014), 2016: 245~255.

[17] Serebryakova N A. Risk Management as a Factor of Sustainable Development of Enterprise [M]. Contributions to Economics, 2017.

[18] Ben Ameur, Hatem, Clark, et al. Preface: Risk management decisions and wealth management in Financial Economics [J]. Annals of Operations Research, 2018, 262 (2): 239~240.

[19] 谢家青. 湖南有色金属矿山发展现状、问题及对策建议 [J]. 湖南有色金属, 2007, 23 (4): 71~74.

[20] 范良伍, 张乾, 疏志明, 等. 矿山企业控制开发利用矿产资源之思索——以安徽铜陵有色金属集团控股有限公司为例 [J]. 矿物学报, 2007, 27 (4): 515~518.

[21] 张荆京. 有色金属价格波动趋势研究 [J]. 有色矿冶, 2013, 8 (4): 59~61.

[22] 刘勤兰. 基于系统动力学的有色金属矿山企业运营仿真 [D]. 赣州: 江西理工大学, 2009.

[23] 赵工业. 论现代有色矿山企业成本费用的控制与管理 [J]. 湖南有色金属, 2014, 30 (2): 72~75.

[24] 周梦, 卢明银, 姚文浩. 矿用辅助材料成本控制研究 [J]. 财务与会计, 2017 (6): 30~32.

[25] 杨苇, 刘晓歌, 等. 矿山企业成本影响因素及管控措施 [J]. 财务与会计, 2018 (1): 67~68.

[26] 周旭日. 关于江西有色金属工业发展循环经济的思考 [J]. 企业经济, 2006 (11):

111~113.
[27] 刘建兴，等．中国有色金属行业的生态占用研究 [J]．资源科学，2007，29 (11)：155~159.
[28] 李慧，钟莉．有色金属采矿企业环境管理的成本效益分析 [J]．广西社会科学，2010 (12)：72~74.
[29] 刘贻玲．生态补偿机制下的矿产资源开发环境会计重构 [J]．价值工程，2013 (33)：112~113.
[30] 郑延智，王力．上市公司融资结构与企业价值研究——基于有色金属行业上市公司的实证研究 [J]．中国矿业，2009，18 (12)：20~23.
[31] 黄鸿，蒋晓全．我国有色金属期货价格与股票价格相关性研究 [J]．上海经济研究，2010 (5)：50~53.
[32] 廖锦成．"后危机时代"河池有色金属产业转型与升级路径的探讨 [J]．中国经济导刊，2010 (23)：46~47.
[33] 陈纪南，孙建．有色金属行业上市公司股利分配现状分析 [J]．财会通讯·综合，2011 (1)：25~26.
[34] 李壮阔，刘星．基于供应链管理的广西区有色金属供应商模糊综合评价 [J]．商业现代化，2007 (516)：221~222.
[35] 周松涛．混沌理论的有色金属集群企业网络创新演化机理 [J]．求索，2009 (6)：82~83.
[36] 钟怡宏．我国有色金属行业上市公司风险研究 [D]．赣州：江西理工大学，2015.
[37] 周小芳．有色金属行业上市公司营运资金管理对企业价值影响的实证研究 [D]．赣州：江西理工大学，2015.
[38] 徐禹．有色金属行业上市公司投资-现金流敏感性研究 [D]．赣州：江西理工大学，2016.
[39] 黄智勇．我国有色金属行业上市公司经营效率研究——以上市公司为例 [D]．赣州：江西理工大学，2016.
[40] 朱星汉．有色金属行业上市公司应收账款风险度量及影响因素研究 [D]．合肥：安徽农业大学，2017.
[41] 杨智鹏．云南有色金属产业结构优化研究 [D]．昆明：云南财经大学，2018.
[42] 晁雅静．矿山企业财务风险防范 [J]．冶金财会，2011 (4)：41~42.
[43] 李翠微．如何加强有色金属加工企业财务风险管理 [J]．财经界，2014 (2)：178~180.
[44] 张瑶．有色金属行业上市公司综合财务指数构建与应用研究 [D]．昆明：云南大学，2017.
[45] Fitzpatrick. A Comparison of ratios of Successful Industrial Enterprises with those of Failed Firms [J]. Certified Public Accountant，1932 (12)：598~605.
[46] Beaver W H. Empirical Research in Accounting：Selected Studies 1966 ‖ Financial Ratios As Predictors of Failure [J]. Journal of Accounting Research，1966，4 (1)：71~111.
[47] Altman E I，Financial Ratios. Discriminant Analysis and the Prediction of Corporate Bankruptcy

[J]. Journal of Finance, 1968, 23 (4): 589~609.
[48] Altman E I, Robert G Haldeman, Narayanan P. ZETATM analysis A new model to identify bankruptcy risk of corporations [J]. Journal of Banking & Finance, 1977, 1 (1): 29~54.
[49] Ohlson J A. Financial Ratios and the Probabilistic Prediction of Bankruptcy [J]. Journal of Accounting Research, 1980, 18 (1): 109~131.
[50] Aziz A, Emanuel D, Lawson G. Bank Prediction: An Investigation of Cash Flow Based Models [J]. Journal of Management Studied, 2010, 25 (5): 419~437.
[51] Odam M, Sharda R. A neural network model for bankruptcy prediction [C] // IJCNN international conference on neural networks, 2012.
[52] 陈静. 上市公司财务恶化预测的实证分析 [J]. 会计研究, 1999 (4): 31~38.
[53] 吴世农, 卢贤义. 我国上市公司财务困境的预测模型研究 [J]. 经济研究, 2001 (6): 46~55.
[54] 朱乃平, 孔玉生. 工业公司财务危机预警模型的构建 [J]. 统计与决策, 2007 (1): 40~41.
[55] 杨保安, 等. BP 神经网络在企业财务危机预警之应用 [J]. 预测, 2001 (2): 49~68.
[56] 杨淑娥, 王乐平. 基于BP 神经网络和面板数据的上市公司财务危机预警 [J]. 系统工程理论与实践, 2007 (2): 61~66.
[57] 谭久均. 财务指标与违约距离相融合的上市公司财务预警模型 [J]. 系统工程, 2005, 23 (9): 111~117.
[58] 袁康来, 郭平波. 基于现金流量的企业财务预警方法 [J]. 商业研究, 2009 (387): 25~28.
[59] 周谦. 基于现金流量基础的企业财务预警实证研究 [J]. 科协论坛, 2010 (2): 129~131.
[60] 王洪艳. 生物制药行业上市公司财务预警模型构建 [J]. 财会通讯, 2015 (19): 33~36.
[61] 符刚, 曾萍, 陈冠林. 经济新常态下企业财务危机预警实证研究 [J]. 财经科学, 2016 (9): 88~99.
[62] 宋彪, 朱建明, 李煦. 基于大数据的企业财务预警研究 [J]. 中央财经大学学报, 2015 (6): 55~64.
[63] 黄德忠, 朱超群. 引入企业资产质量指标的财务风险预警模型 [J]. 财会月刊, 2016 (8): 48~52.
[64] 杨志丹. 有色金属资源型企业的财务可持续发展研究——以云南铜业为例 [D]. 昆明: 云南财经大学, 2018.
[65] 黄圣洲. 我国有色金属上市公司财务风险的分析 [D]. 赣州: 江西理工大学, 2009.
[66] 师旭丽. 金属非金属企业财务危机预警研究 [D]. 镇江: 江苏大学, 2008.
[67] 王德青, 等. 中国有色金属工业经济预警系统研究 [J]. 中国矿业, 2010, 19 (9): 25~29.
[68] 崔岗, 何发钰. 开创有色金属行业安全生产新局面 [J]. 有色金属, 2010, 62 (3):

170~172.

[69] 刘际陆. 营运资金管理与经营绩效实证研究——以有色金属行业为例 [J]. 兰州商学院学报, 2011, 27 (1): 15~34.

[70] 赵春艳. 有色金属行业财务管理策略探究 [J]. 财经界 (学术版), 2012 (8): 235.

[71] 沈洪涛. 上市公司财务风险评价模型实证研究——基于中国有色金属业的证据 [J]. 生产力研究, 2012 (7): 248~250.

[72] 刘小莉. 我国有色金属行业企业财务风险管理研究 [D]. 赣州: 江西理工大学, 2012.

[73] 李卫华. 浅谈矿山企业对财务风险的防范及规范管理 [J]. 现代商业, 2012 (2): 184.

[74] 刘卫常, 康纪田. 矿业环境风险预警防控机制的构建 [J]. 环境与可持续发展, 2015 (5): 153~157.

[75] 潘继征. 新形势下我国民营有色金属矿山企业财务危机预测建模研究 [J]. 世界有色金属, 2016 (9): 153~155.

2 有色金属行业及矿山企业概述

本章在分析有色金属行业的现状及矿山企业的特点后，以我国有色金属行业近几年上市公司的财务指标为样本，采用 SPSS 统计分析工具对有色金属企业在盈利能力、偿债能力、营运能力以及发展能力四方面的财务状况进行有效分析。

2.1 有色金属行业现状[1]

2.1.1 有色金属行业简介

金属可以分为黑色金属和有色金属。黑色金属主要是指铁、铬、锰及其合金，如钢、生铁、铁合金、铸铁等；有色金属是指除了黑色金属以外的所有金属。有色金属按密度、价格、在地壳中的储量及分布情况和被人们发现与使用情况的早晚等可分为以下五类。

(1) 轻有色金属：指密度小于 4.5 的有色金属。包括铝、镁、钾、钠、钙、锶、钡。

(2) 重有色金属：指密度大于 4.5 的有色金属。包括铜、铅、锌、镍、钴、锡、锑、汞、镉、铋等。

(3) 贵金属：这类金属的特征是，地壳中含量占比少，不易开采和提取，对氧和其他试剂稳定，价格比一般金属贵。包括金、银、铂、钯、锇、铱、钌、铑。

(4) 半金属：是指一类物理化学性质介于金属和非金属之间的金属。一般指硅、硒、碲、砷和硼五种元素。如砷是非金属，但它具有传热和导电功能。

(5) 稀有金属：稀有金属并不是说稀少，而是指在地壳中分布不广，开采冶炼不易，工业应用较晚，故称为稀有金属，包括锂、铍、铷、铯、钛、锆、铪、钒、铌、钽、钨、钼、铼、镓、铟、锗、铊等。

按照国家行业分类标准，有色金属行业分为两个部门，即有色金属采选业和有色金属合金制作业。其中，有色金属采选业指通过熔炼、精炼、电解或其他方法从有色金属矿、废杂金属料等有色金属原料中提炼常用有色金属的生产活动，包括有色金属矿、贵金属矿，以及稀有稀土金属矿的开采、选矿活动；有色金属合金制作业指以一种有色金属为基体，加入一种或几种其他元素构成合金的生产活动，包含有色金属冶炼、有色金属合金制造、有色金属压延加工三个部门。本书的研究对象是有色金属行业。

2.1.2 我国有色金属行业发展现状分析

有色金属行业为国内经济各部门、其他工业企业、高新技术产业以及人民生活需要提供不可缺少的工业原料和产成品，有色金属行业处于我国经济产业链的前端，是制造业、电力、信息产业、汽车制造业、房地产业等众多行业的上游供应行业。具体分析如下[2~4]。

2.1.2.1 我国有色金属行业分析

作为我国整个国民经济及人们的日常生活中不可或缺的基础原材料，有色金属具有广泛的用途。有色金属是能源、信息技术和材料三大支柱产业的基石，广泛应用于交通运输、电力、建筑、通信等行业，有色金属用途见表 2-1。根据 2017 年收集的资料显示，建筑、交通运输和电力是有色金属的主要消费领域，以铜、铝为例，三者在消费结构中占比分别达到 77.6%和 62%。

表 2-1 有色金属的用途

行业	用途
建筑业	用于建筑物构架、屋面和墙面的围护结构、骨架、门窗；建筑施工脚手架踏板和水泥预制板模板等
民用工业	用于牙膏筒、门锁、钥匙、炊具、灯泡、自行车、家电、空调、易拉罐、软包装等的制造
电力工业	发电机、电动机、输变电设备等都需要大量的铜、铝金属及其合金
交通运输	火车、汽车、轮船、飞机等交通运输工具的制造中都需要大量的铜、铅、锌、镁及其合金
钢铁工业	用于制作各种合金钢、高温合金、精密合金，炼钢的脱氧剂，机械加工所用合金刀具，仪器仪表、控制设备、电子元器件等
通信业	通信设备、电缆、电线使用大量铜、铝、铅、锌、锡、金、银等有色金属
电子工业	铜、铝、锡、金、银、铂族金属，以及高纯硅、锗、镓、铟、砷、铍、钽、铌等都是主要材料，以集成电路为基础的微电子技术主要依赖于半导体材料
国防工业和高科技产业	用于枪、炮、飞机、舰艇、原子弹、氢弹、导弹、火箭等武器，电子计算机、大规模集成电路、核电站、高能电波、超导技术、宇航以及人工智能技术、生物工程等高新技术的原材料
其他	在石油、化工、玻璃、陶瓷、皮革、纺织等工业中稀土金属已被广泛应用

2.1.2.2　近年来我国有色金属行业发展情况

2012 年 1~7 月，有色金属行业实现利润 978 亿元。其中，有色金属矿采选业的利润为 385 亿元，有色金属冶炼及压延加工业利润为 592 亿元。2012 年 1~8 月，全国 10 种有色金属产量共 2416 万吨，同比增长 7%。

虽然我国有色金属行业的投资额在逐渐增长，但利润却没有相应增加。从 2013 年上半年的数据来看，有色金属行业正面临亏损加剧的状况，第一季度有色金属行业上市公司共实现营业收入 2048. 2 亿元，同比增长 12. 3%，增速下滑 6. 6 个百分点；实现净利润 30. 7 亿元，同比下降 51. 4%。

2014 年，在国内经济“三期”叠加影响的冲击下，我国经济步入中高速增长“新常态”，境内外市场需求下降，经济下行压力不断加大。有色金属行业面临严峻的国内外经济形势，全行业认真贯彻党中央、国务院部署，坚持稳中求进工作总基调，积极开展供给侧结构性改革，在有色金属过剩产能方面推出积极举措，推进有色金属工业发展方式转变和结构升级，全年有色金属工业基本保持平稳运行。

2015 年有色金属工业运行整体呈现供需失衡、投资下降、价格暴跌、效益下滑局势，稳增长遇到严重挑战。2015 年，国内外市场主要有色金属需求明显下降，部分国外企业采取了一系列限产、减产措施的情况下，中国的产量仍在继续增长，10 种有色金属产量超过 5000 万吨，已经接近当年世界产量的一半，造成了严重的供需不平衡。进入 21 世纪以来，中国有色金属工业固定资产投资增长速度一直明显高于全国平均水平。2015 年以来，这种趋势更加凸显，预计完成投资仅比上年下降 3%左右。2015 年出现的断崖式价格下跌，其影响甚至超过了 2008 年的国际金融危机时期。同年，国内投机资本做空有色金属期货，不仅影响了中国有色金属价格走势，而且成为国际市场打压有色金属价格的主要力量。价格的持续下跌对国内外有色金属工业企业的经济效益产生极大负面影响，造成有色金属工业实现利润比上年下降 15%。

2016 年，中国 10 种有色金属产量增幅出现明显回落，约 6%，大约 5400 万吨。2016 年，中国有色金属冶炼项目的投资再一次下降，矿山和精深加工项目投资增幅明显回落，这一年固定资产投资出现负增长。2016 年，中国有色金属工业的结构性调整主要围绕“禁、退、减、并、转、升”几个方面，限制国内有色金属冶炼和一般加工产能的盲目扩张，加快缺乏竞争力的产能退出市场。通过加强行业自律，联合限产、减产，加强兼并重组，提高产业集中度，积极开展国际产业合作，实现产业跨国转移，加强技术改造，以促进产业升级。

2017 年，全球铜矿产能同比增长 6%，达 2494 万吨，产量同比增长 3%，达 2088 万吨。全球锌精矿产能增加 92. 2 万吨，但产量仅增加 45 万吨；精炼锌产能增加54万吨，产量增加25万吨。2017年废杂铜的回收利用量比2016年降低10万~20万吨，预计全年废铜总供应量将出现下滑。2017年中国进口废铜实物量为355.76万吨，金属量150万吨；同时国内合计再生铜总量达781.89万吨，金属量大约为339.95万吨；2017年进口废铜金属量约占国内合计再生铜金属量的44%。

根据国泰安数据库提供的资料显示，有色金属行业的资产负债率与全国平均水平相比波幅较大；短期负债较长期负债比例偏高，长期负债在总负债中占比在10%~20%的较低水平，而流动负债，即短期负债在总负债中占比达80%左右，且逐年稳步上升。这几年以美国为首的西方经济陷入了动荡，中国经济在持续高增长后也发生了波动，这些因素会让我国有色金属行业在全世界的整体竞争实力下降。有色金属价格频繁波动，对处于供应链最前端的有色金属矿山企业来说，经营现在面临着十分巨大的风险和压力，许多有色金属矿山因经营和财务状况不佳而被迫停产、减产。所以，当危机来临时，许多企业都陷入困境，很多大企业、大财团瞬间破产倒闭。残酷的现实再一次证实了财务风险是时时刻刻存在于经营活动中的。例如高新张铜，在2009年由于不重视防范财务风险，距离其上市不过短短两年时间，就陷入高额的债务漩涡中，凸显出了目前我国有色金属企业普遍没有有效应对财务风险的能力，令人对此感到担心。

我国有色金属行业随着经济、资源全球化的加速，经营环境更加复杂，面临的竞争更加激烈。除此之外，资源的约束对有色金属行业的可持续发展有着越来越明显的影响。为控制优势资源并获得竞争优势，我国有色金属行业不断进行以联合、兼并、重组为特征的战略性调整，举债力度逐渐加大，行业面临的财务风险随之加大。在市场日益开放和竞争愈演愈烈的环境下，引导我国有色金属企业适应新形势，提高风险防范意识和抗风险能力，成为企业管理者面临的一个新挑战。

2.2 我国有色金属矿山企业概述

2.2.1 我国有色金属矿山企业简况

为了在统计上与国际接轨，2002年我国将“采掘业”独立出来，按照国民经济行业分类（GB/T 4754—2002），采矿业作为独立的门类与农、林、牧、渔业、制造业、建筑业等行业并列，属于国民经济最重要的行业之一。一般来讲，广义的矿山企业包括从事地质找矿、采矿、选矿、冶炼、矿产品加工等一系列生产活动的、自主经营、自负盈亏、具有法人资格的营利性经济组织，包括矿产资源行业的所有企业；狭义的矿山企业指直接从事矿产资源开发活动的企业，主要包括通过采矿和选矿手段开发矿产资源，经营矿产品，以取得合法收益的工业企业，是自主经营、自负盈亏、具有法人资格的营利性的经济组织。狭义的经济组织主要包括从事采掘业的矿业企业，具体指采矿企业、选矿企业和采选联合企业，相对于冶炼、加工业等，它们处于矿产业的上游。本书是对有色金属采选联合企业进行研究。

“十一五”期间，我国有40家有色金属类企业在上海和深圳的证券市场上市，入市后，通过直接融资大大增强了企业发展的后劲。近年来，国家推行供给侧改革，重点调整了一批行业，积极推进产业结构调整，如对有色金属企业加大改革力度，并且努力进行股份制改革，不断完善公司法人治理结构，推动企业经营机制的转变，帮助企业不断利用自身优势进行资产重组。中国铝业、江西铜业等五家大型央企公司在国外市场上成功上市，通过纽约和香港的上市公司与国际市场实现接轨，同时加强了企业内部管理控制水平，实现了现代企业的规范化管理。改革开放以来，我国有色金属矿山企业总体表现良好，技术进步，产量极大提高，出口量持续增长，总体实力水平增强、收入丰厚，经济效益大幅度地提升，绝大多数矿山企业都有很多的未分配利润，呈现蓬勃发展的状态。然而受到一些不利因素，如自然灾害、人民币持续升值、外贸政策、国际金融环境以及企业内部的管理等的影响，最近经济效益呈现明显下滑的趋势，甚至有一些企业亏损并且亏损额极大，这些棘手的问题亟待解决。

2.2.2 我国有色金属矿山企业特性

矿山企业处于矿产资源产业供应链的最前端，具有许多其他企业不具有的独特性。矿石自然属性影响着企业产品，矿山企业生产出的最终产品是具有一定品位的矿石，而矿床自然属性在很大程度上影响着矿石的品质，如矿床的地质品位与规模，矿石、围岩的物理力学性质与赋存条件，埋藏深度，所在的地理位置等，这些不以人的意志为转移（主观）。

我国有色金属矿山企业的具体特性如下[5~8]。

2.2.2.1 开采技术及工艺的特殊性

A 固体矿地下开采技术及工艺的特殊性

金属矿床的开采有着明显的特殊性。首先，是地下作业，作业环境和劳动条件较差，空间狭小，开采的矿床复杂多变，作业地点也经常变化；其次，是矿床开采必须高效、安全和可持续地开采，充分保护环境和保护资源。

矿床因其成因条件不同，其埋藏范围的大小也各有不同。一般来说，岩浆矿床的规模较小，走向长度常为数百米至千米；而沉积矿床埋藏规模较大，常为几千米至几十千米。缓倾斜及近水平的沉积矿床，其倾斜长度也常较大，有的可达一两千米。开采这类规模较大的矿床，就需要将矿床沿走向和倾斜方向划分成若干井田。在缓倾斜、倾斜和急倾斜矿床中，通常是将矿床划分为井田，井田划分为阶段，阶段再划分为矿块。在水平和微倾斜矿床中，将矿床划分为井田后，井田划分为盘区，盘区划分成矿壁。矿块和矿壁是回采的最基本单元。

B 露天开采技术及工艺的特殊性

露天开采是指依照矿床的赋存条件，用一定的采、装、运设备，在敞露的空间从事开采工作。有的矿床规模很大、埋藏较浅，甚至出露地表，只要将上覆岩层及部分围岩剥离掉，不需掘进大量的井巷就可以从地表直接挖掘出有用的矿物，这种矿床适用于露天开采。

露天与地下开采相比，优点是资源利用充分、回采率高、贫化率低，适用于大型机械施工，建矿快、产量大、劳动生产率高、成本低、劳动条件好、生产安全；缺点是需要剥离岩土，排弃大量的岩石，尤其较深的露天矿，往往占用较多的农田，设备购置费用较高，初期投资较大。此外，露天开采受气候影响较大，对设备效率及劳动生产率都有一定的影响。

因矿床地质和水文地质条件变幻莫测，引起矿山工程设计发生重大变化，这些无疑会导致工程量增加、投资增加、工期延长，从而带来各种经济损失。

2.2.2.2 原材料的特性

A 资源的稀缺性

矿产资源的产生需要历经数十亿年乃至更长时间，是经过各种地质作用后富集起来的，是公认的不可再生耗竭性资源。矿产资源一旦被开采后，在人类历史的相对短暂时期内，绝大多数不可再生。作为原料供应的矿山企业，由于长期乱采滥挖，产生了资源损失严重、矿产资源紧缺、勘探出的后备储量严重不足等问题。除此以外，利用矿山企业的寿命即服务年限与其开采范围内所拥有的矿产资源储量成正比。无论拥有多少资源量，矿山企业终将因可采储量耗竭而停产、闭坑。

B 分布不均匀性

由于资源分布受到地质规律的影响大，致使其分布较不均匀，因此矿山企业受到矿产资源赋存的地理位置的制约大。在对资源条件进行评价时，要对项目拟建地区的资源品种、储量和开发条件等进行研究，以便扬长避短，使项目能够取得成功。与一般的工业企业不同，矿山企业在厂址选择方面会考虑就近原则，一般选择在边远地区建设，如选择在远离城镇，交通、通信、动力等协作条件很差的地区，这样就导致建设周期长、耗资大，因为需要长距离修路、架电、取水。而一般工业可以紧接市场，依托协作条件好的城市进行建设，交通便利。

2.2.2.3　矿产品的特性

A　价格波动性

根据经济学中供求关系原理，某种商品在影响供给的其他因素不发生改变的条件下，价格提高，生产者供给的产量也自然而然地提高。而矿产品市场需求的变化、矿业市场的竞争程度、矿产品市场价格低迷等都有可能使得矿山企业产量和销售收入达不到预期目标，给项目预期收益带来损失。

由于矿业新增生产能力周期长，导致了矿产价格低时，矿产供给弹性大，而价格高时供给弹性小；同时，矿产的替代能力差造成了矿产的需求弹性小；并且，矿业作为基础产业，其产品需求多属中间产品，受国民经济活动水平的影响较大。当经济繁荣时，矿产的需求量大，矿产价格高；当经济萧条时，矿产需求小，矿产价格低。

B　矿产品的同质性

企业竞争战略一般有低成本战略、差异化战略和集中化战略。若企业实行规模经济，产品差异少、成本较低，这样的企业往往多采用低成本策略和规模效益作为主要的竞争手段；而实行差异化战略的企业往往相反，价格高、产品之间的差异较大，通常是通过差异化的竞争策略去赢得竞争优势。矿山企业和其他工业企业不一样，其竞争力受营销策略强弱的影响较小，而且此类企业竞争策略比较单一。另外，矿山企业产成品是矿石，矿石的品质受到诸如矿床的地质品位和规模，矿石、围岩的物理力学性质，赋存条件、埋藏深度以及所在的地理位置等矿床自然属性的影响。矿产品具有同质性的特点，大部分的矿产品品位相近、品质相同，这样企业应用差异化策略的可能性较小，而且矿产品本身主要作为工业生产的原料，矿山企业常只能通过低成本战略竞争。

2.2.2.4　矿山企业经济效益的递减性、后续性

企业处于不同生命周期阶段会呈现出不同的经济效益特征。在初期投产阶段，矿山企业若采选指标各方面控制正确，设备正常调试运转、工艺流程合理调试，一般矿石产量会逐年提高，此时矿山企业经济效益也随之逐渐上升。在均衡生产期阶段，即成熟期，各方面稳定均衡，设计生产能力达到一定程度，产量较稳定，此时经济效益一般也是最好的。在衰老递减阶段，开采条件随着开采深度逐步扩大慢慢恶化，运输环节中的复杂性提高，企业的生产成本增加，矿石储量逐年减少，产量逐步降低，直至闭坑，矿山企业的经济效益呈现递减趋势。这是矿山企业的特殊规律。

2.2.2.5 矿山企业投资的特性

A 高投资性

矿山企业投资项目多，具体包括矿产资源开发投资（矿产权、矿产资源开采投资、采矿、选矿设备等）；环境治理投资（废气、废水、固体废弃物处理，土地复垦等）；基础设施建设（生产性建筑物、房屋建筑物和辅助生产性建筑物等）；采矿作业受客观条件的限制，特别是地下采矿，劳动强度大、工作面空间狭小、条件恶劣、安全性差，不宜实现机械化和自动化作业；同时，生产过程中还会产生大量粉尘和有毒有害气体污染工作面。因此，采矿工作应特别注意生产安全和劳动保护工作，也即需要做好安全投资（安全防护装备、安全培训等）。这些投资是以大型且重型的设备或建筑物居多，而且设备的有形磨损和无形磨损都较大，所以投入的资金较大。

矿产资源开发会带来高额的外部成本，由于矿产开发会对生态环境造成不同程度的污染破坏，因此生态环境恢复治理投入大、难度高。随着经济和社会的发展，人们追求更好的生活环境与质量，矿山企业需投入更多的环保与复垦资金，走绿色矿业之路。

矿山建设受矿产资源赋存条件的限制，不能自由选择矿址，往往要在交通、动力、水源、生活等外部条件不利的情况下建设矿山，从而使建设施工量加大、投资增多、建设周期增长。

B 高风险性

矿山开采的对象是矿产资源，矿产资源具有不可再生性，加之全球范围内储量有限，因此研究资源消耗理论尤为重要。由于矿山也存在一定的服务年限，资源开采完了，矿山的服务年限也就结束了；同时，由于矿体属性复杂多变，并且矿产资源即使通过详细勘探但仍然难以全面了解其品质和规模，一些不可预见的因素必然导致或高或低的投资风险。因而，矿山建设前期需要进行矿山建设技术经济可行性研究，在勘探、开发利用矿产资源的过程中，必须不断地探索、研究，以降低风险。

矿业生产的劳动对象是经地质勘查发现的、天然赋存的地质矿体，开采加工对象不能自由选择，而且开采对象、开采工具和生产人员需随开采而不断转移，没有固定场所；同时矿床地质和水文地质条件的变化出乎预料，矿山工程设计发生重大变化等，可能导致工程量增加、投资增加、工期延长，从而带来损失。已探明并且可作为设计依据的矿床地质资源量，是拟定金属矿山建设规模和相应服务年限的基础依据。当资源储量减少幅度较大时，就会造成矿山原拟定的生产规模偏大、服务年限和矿产品产量减少，其经济风险将表现在基建投资偏高、单位矿石生产成本提高、投资经济效益明显下降等方面。

矿山企业市场与技术具有的高风险是一般工业企业不可比拟的。矿产品市场供需状况、矿产品价格、原材料、燃料及动力来源和价格都具有较大的不确定性。

2.2.2.6 融资面临诸多问题

A 融资渠道单一

我国矿业企业整体规模偏小、资信度低、贷款成本高，加之地勘单位为政府附属，其结果就是勘查资金只能依靠国家财政投入，很难像普通企业一样通过市场筹集资金，直接融资渠道狭窄。

B 资金自我积累能力差

由于矿山企业需要承担各类税费，导致企业盈余大幅度减少，企业资金的自我积累能力减弱，内部融资能力大大下降，严重影响企业的生存与发展。

2.2.2.7 税收特殊性

税收是国家凭借其政治权力参与国民收入分配和再分配的一种方式，具有强制性、无偿性和固定性等特点。矿产资源为不可再生资源，矿山企业有别于一般的工业企业税收征收办法，我国矿山企业的税收特征如下。

A 增值税额大

增值税应纳税额=当期销项税额-当期进项税额

工业企业的产品被征收增值税时，外购原料由于大额的抵扣量，实缴增值税就会减少很多。矿业企业投入的原料只是纯天然的矿产资源，在开发矿产资源过程中，只需要外购少量的支护、爆破材料等，因此矿产品的税费抵扣很少。据统计，有色金属矿山企业增值税占矿山综合税费的比例高达80.3%，矿山企业增值税率为13%。

B 特有税种

a 矿产资源税

1984年10月1日，我国对开采矿产品的单位和个人征收资源税。1994年税制改革时，首次对矿产资源全面征收资源税，并提高了资源税的征税标准。以目前的情况来看，我国的资源税还能再增加。

矿产资源税是地方税，仅是矿山企业这一类企业所拥有的一个特殊税种，一般工业企业的税收中是没有此项的。矿产资源税是以各种应税自然资源为课税对象，为了调节资源级差收入并体现国有资源有偿使用而征收的一种税。矿产资源税在理论上可分为对绝对矿租课征的一般资源税和对级差矿租课征的级差资源税，体现在税收政策上就叫做“普遍征收，级差调节”，即所有开采者开采的所有应税资源都应缴纳资源税；同时，开采中、优等资源的纳税人还要相应多缴纳一部分资源税。矿产资源税的纳税人是指在中国境内开采应税矿产品和生产盐的企业、单位和个人。独立矿山、联合企业和其他购买未纳税矿产品的单位是资源税的扣缴义务人。

矿产资源税是划分产品类别从量定额计征的，单位税额实行等级幅度税额标准。具体适用的税额，根据纳税人开采、生产应税产品的资源状况，在规定的税额幅度内进行确定。

矿产资源税的应纳税额，按照应税产品的课税数量和规定的单位税额（率）计算。

$$矿产应纳税额 = 课税数量 \times 单位税额(率) \tag{2-1}$$

资源税应税产品的具体适用税率，应按照《中华人民共和国资源税暂行条例实施细则》（中华人民共和国财政部令第66号）所附的《资源税税目税率明细表》执行。例如：铁矿石适用税率10～25元/吨，锰矿石6元/吨，铬矿石3元/吨，轻稀土矿（包括氟碳铈矿、独居石矿）60元/吨，中重稀土矿（包括磷钇矿、离子型稀土矿）30元/吨，铜矿石5～7元/吨，铅锌矿石10～20元/吨，铝土矿20元/吨，钨矿石7～9元/吨等。

矿产品等级的划分，按《中华人民共和国资源税暂行条例实施细则》所附《几个主要品种的矿山资源等级表》执行。对于划分资源等级的应税产品，在《几个主要品种的矿山资源等级表》中未列举名称的纳税人适用的税率，由省、自治区、直辖市人民政府根据纳税人的资源状况，参照《资源税税目税率明细表》和《几个主要品种的矿山资源等级表》中确定的邻近矿山或者资源状况、开采条件相近矿山的税率标准，在浮动30%的幅度内核定，并报财政部和国家税务总局备案。

b　矿产资源补偿费

采矿权人应缴纳矿产资源补偿费（简称补偿费），它可以看作是财产性的收益，属于矿产资源国家所有权的一种实现形式。补偿费的结算货币要与矿产品销售时所使用的货币类别一致，但是采矿权人对矿产品进行了加工的，则需要与其销售最终产品时使用的货币一致。

矿产资源补偿费按照矿产品销售收入的一定比例计征，计算公式为：

$$矿产资源补偿费 = 矿产品销售收入 \times 补偿费费率 \times 开采回采率系数 \tag{2-2}$$

$$开采回采率系数 = 核定开采回采率 / 实际开采回采率 \tag{2-3}$$

资源补偿费以从价法计征，费率按矿种进行分档，大体为矿产品销售收入的1%～4%，平均为1.18%。石油、天然气、煤炭、煤成气、石煤、油砂的费率为1%；黑色金属矿产、有色金属矿产、非金属矿产及天然沥青、油页岩的费率为2%；放射性矿产、稀有金属矿产、稀土金属矿产、稀散元素矿产、气体矿产的费率为3%；贵金属矿产、离子型稀土矿产、宝石、玉石、宝石级金刚石及矿泉水的费率为4%；矿盐的费率为0.5%。

c 特有税费

(1) 矿业权使用费。探矿权使用费是国家将矿产资源探矿权出让给探矿权人，按规定向探矿权人收取的使用费。探矿权使用费用勘查年度计算，按区块面积逐年缴纳，第1~3个勘查年度，每平方千米每年缴纳100元，从第4年度起每平方千米每年需要增加100元，但是不得超出500元。

(2) 采矿权使用费。是指国家将矿产资源采矿权出让给采矿权人，按规定向采矿权人收取的使用费。采矿权使用费按矿区范围面积逐年缴纳，按100元/km^2计算，以年为单位。详见《矿产资源开采登记管理办法》的相关规定。

(3) 矿区使用费。在中国境内（包括内海、领海、大陆架及其他属于中华人民共和国行使管辖权的海域）从事合作开采石油资源的中国企业和外国企业，按规定应当缴纳矿区使用费（不再交纳资源补偿费）。费率为1%~12.5%。

2.3 我国有色金属矿山企业财务状况分析

本章通过分析我国2013~2017年期间有色金属行业上市公司的财务指标，进行有色金属企业在盈利、偿债、营运和发展能力的财务状况研究。数据来源为东方财富Choice数据，数据分析采用SPSS分析软件。[9~17]

2.3.1 盈利能力分析

企业获取利润的能力被称作企业盈利能力，或资本增值能力，通常表现为固定时间内企业的收益数额。盈利是企业的第一任务、企业生产经营的目的、企业生存发展的基础。

本节选取净资产收益率、销售毛利率、总资产报酬率三个指标分析有色金属企业的盈利能力。

2.3.1.1 净资产收益率分析

净资产收益率分析见表2-2。从表2-2中可以看出，2013~2017年，整体上看有色金属企业的净资产收益率均值有大幅度的变化，2014年净资产收益率均值最高，达到13.17%；极差较大，最小为-180.9；从百分位数上看，2013年、2014年有80%有色金属企业净资产收益率在17%以上，2016年、2017年处于12%左右，2017年有20%的企业低于0.52%。从上面的分析可以得出，有色金属企业的获利能力不足。其原因具体表现为产品的成本高、利润率低、企业投资回报率低、资产收益水平差。从企业的长远经营来看，获利能力的高低意味着一个企业产生净现金流能力的高低，现金流入量的多少，从而决定偿还债务能力的水平。因此可以说，较低的获利能力意味着较高的财务风险。

表 2-2 净资产收益率分析

年份		2013	2014	2015	2016	2017
均值		-57.44	13.17	8.05	7.29	5.54
标准差		599.40	37.45	20.60	19.17	15.40
方差		1280.70	1402.50	424.20	367.41	237.21
偏度		-9.14	0.72	2.82	3.67	2.62
偏度的标准误差		0.26	0.26	0.26	0.25	0.25
峰度		83.70	15.4	22.45	23.56	17.78
峰度的标准误差		0.52	0.51	0.51	0.50	0.49
极小值		-180.90	-162.89	-55.34	-31.79	-44.65
极大值		53.19	218.36	143.86	137.33	102.97
百分位数	20	1.44	1.37	0.42	0.60	0.52
	40	6.65	5.61	3.70	3.41	2.95
	60	11.37	12.90	8.96	7.18	6.30
	80	17.60	25.77	16.97	12.02	9.12

2.3.1.2 销售毛利率分析

销售毛利率分析见表 2-3。从表 2-3 中可以看出，2013~2017 年期间，有色金属企业销售毛利率均值基本稳定在 16%左右。从整体上看，有色金属企业销售毛利率在 2014 年较低且波动较大；从个体上看，有色金属行业销售毛利率在 2013~2017 年呈右偏尖峰分布，且峰度系数略大，说明了有色金属企业销售毛利率极差略大，最小的销售毛利率为-162.89%；从百分位数上看，80%的企业维持在 26%左右。

表 2-3 销售毛利率分析

年份	2013	2014	2015	2016	2017
均值	17.09	13.17	16.78	18.21	17.19
标准差	17.07	37.45	19.39	18.55	16.68
方差	291.23	1402.50	375.89	343.99	278.14
偏度	0.856	0.72	0.339	2.00	1.83
偏度的标准误差	0.254	0.26	0.25	0.25	0.25
峰度	5.63	15.42	5.50	3.96	3.69
峰度的标准误差	0.50	0.51	0.49	0.49	0.49

续表 2-3

年 份		2013	2014	2015	2016	2017
极小值		-46.30	-162.89	-68.75	0.22	-1.54
极大值		85.48	218.36	87.23	87.46	82.36
百分位数	20	6.30	1.36	5.18	5.00	4.78
	40	10.96	5.48	9.91	9.15	8.66
	60	17.36	12.97	16.07	16.49	14.54
	80	26.94	26.36	28.32	26.24	27.79

2.3.1.3 总资产报酬率分析

总资产报酬率分析见表 2-4。从表 2-4 中可以看出，2013～2017 年有色金属企业的总资产报酬率均值整体较低，最大值为 10.19%；从个体上看，有色金属企业总资产报酬率偏度系数大、峰度小，说明该类企业的总资产报酬率极差大；从百分位数分析可以看出，2015～2017 年有 60%的企业总资产收益率处于小于 8%的情况，有 20%的企业总资产收益率在 2%左右。

表 2-4 总资产报酬率分析

年 份		2013	2014	2015	2016	2017
均值		2.06	10.19	5.99	6.91	5.1400
标准差		75.91	17.59	19.05	15.98	7.20770
方差		5761.78	309.33	362.89	255.30	51.951
偏度		-9.61	3.46	-0.55	4.36	3.408
偏度的标准误差		0.25	0.24	0.24	0.24	0.24
峰度		93.18	18.74	20.49	28.62	20.354
峰度的标准误差		0.49	0.48	0.48	0.483	0.483
极小值		-728.69	-21.52	-105.28	-40.25	-8.77
极大值		27.70	123.26	106.17	119.88	52.91
百分位数	20	2.34	2.71	1.26	1.8986	1.9892
	40	5.72	5.44	3.90	3.8215	3.7054
	60	7.91	8.23	6.78	5.5332	5.4456
	80	12.57	15.45	11.67	8.8997	7.6200

2.3.2 偿债能力分析

企业用其资产偿还长期债务与短期债务的能力被称作偿债能力。企业有无支付现金的能力和偿还债务的能力，关系到一个企业生存状态和能否健康发展。该能力高低是反映一个企业财务状况好坏和经营能力强弱的重要标志。偿债能力是企业偿还到期债务的能力或可保证按时归还的程度。本节选择流动比率、速动比率、经营活动产生的现金流量净额/负债三个指标衡量有色金属企业的偿债能力高低。

2.3.2.1 流动比率分析

有色金属企业流动比率分析见表 2-5。从表 2-5 中可以看出，2013 年有色金属行业流动比率基本维持在 1 以上，2014~2017 年只有 20%维持在 1 以下，总体来说流动比率基本维持在 1~2 之间。

表 2-5 有色金属企业流动比率分析

年份		2013	2014	2015	2016	2017
均值		2.62	2.44	2.41	2.13	2.68
标准差		6.09	4.00	3.54	2.30	7.09
方差		37.04	16.02	12.55	5.27	50.24
偏度		7.03	5.56	4.52	2.62	8.67
偏度的标准误差		0.25	0.24	0.24	0.24	0.24
峰度		56.95	37.94	23.17	7.03	80.89
峰度的标准误差		0.49	0.48	0.48	0.48	0.48
极小值		0.02	0.27	0.10	0.25	0.23
极大值		54.36	33.30	24.23	11.49	68.97
百分位数	20	0.91	0.87	0.77	0.82	0.83
	40	1.10	1.14	1.22	1.07	1.21
	60	1.39	1.67	1.75	1.53	1.59
	80	2.00	2.39	3.13	2.95	2.31

2.3.2.2 速动比率分析

有色金属企业速动比率分析见表 2-6。从表 2-6 中可以看出，2013 年有色金属行业速动比率小于 0.5 的企业有 20%，在 0.5 ~1 之间的有 60%，小于 1.5 的有 80%。

表 2-6 有色金属企业速动比率分析

年份	2013	2014	2015	2016	2017
均值	1.97	1.81	1.79	1.59	1.79

续表 2-6

年 份		2013	2014	2015	2016	2017
标准差		5.76	3.71	3.18	1.98	3.31
方差		33.18	13.79	10.13	3.91	10.97
偏度		7.35	5.80	4.65	2.62	5.80
偏度的标准误差		0.25	0.24	0.24	0.24	0.24
峰度		61.08	40.38	24.20	7.27	42.06
峰度的标准误差		0.49	0.48	0.48	0.48	0.48
极小值		0.02	0.08	0.07	0.14	0.15
极大值		51.79	30.832	21.79	10.16	28.11
百分位数	20	0.42	0.43	0.41	0.44	0.44
	40	0.68	0.64	0.65	0.63	0.69
	60	0.90	1.08	1.21	1.12	1.09
	80	1.42	1.85	2.39	2.12	1.89

2.3.2.3 经营活动现金流量债务总额比分析

有色金属企业现金债务总额比分析见表 2-7。从表 2-7 中可以看出，有色金属行业经营活动现金债务总额比基本维持在 0.25 以下，可见我国大多数企业财务灵活性很差，偿债能力存在很大问题。

表 2-7 有色金属企业现金债务总额比分析

年 份		2013	2014	2015	2016	2017
均值		0.16	0.16	0.20	0.09	0.24
标准差		0.67	0.43	0.42	0.47	1.03
方差		0.45	0.19	0.18	0.22	1.06
偏度		6.71	2.90	1.64	−0.77	8.71
偏度的标准误差		0.25	0.24	0.24	0.24	0.24
峰度		51.36	10.50	3.54	9.99	81.80
峰度的标准误差		0.49	0.48	0.48	0.48	0.48
极小值		−0.38	−0.87	−0.72	−2.33	−0.72
极大值		5.70	2.22	1.70	1.85	9.90
百分位数	20	−0.07	−0.04	−0.03	−0.056	0.02
	40	0.02	0.03	0.05	0.04	0.06
	60	0.08	0.09	0.13	0.12	0.12
	80	0.21	0.25	0.28	0.23	0.26

2.3.3　营运能力分析

资产的效率与效益是构成企业营运能力的核心要素。资产的周转率或周转速度是衡量其效率的体现。企业的产出量和资产占用量之间的比率可以衡量资产的运营效益。本节主要选取存货周转率、应收账款周转率、总资产周转率三个指标反映有色金属企业的运营能力。

2.3.3.1　存货周转率分析

有色金属企业存货周转率分析见表2-8。从表2-8中可以看出，有色金属企业存货周转率控制在6左右，表明有色金属矿山企业整体存货周转天数维持在50天左右，呈现周转速度较快的趋势。从个体看，有色金属企业的存货周转率呈右偏尖峰分布，且峰度系数较大，有色金属企业存货周转率极差较大；从百分位数看，有40%的有色金属行业矿山企业存货周转率低于4，可见部分企业存货周转率较低，存货管理水平低于行业平均水平。

表2-8　有色金属企业存货周转率分析

年　份		2013	2014	2015	2016	2017
均值		6.09	6.01	6.76	6.34	6.51
标准差		9.37	7.16	12.95	9.77	8.30
方差		87.88	51.33	167.65	95.52	68.91
偏度		7.37	5.55	7.33	6.05	4.40
偏度的标准误差		0.25	0.25	0.24	0.24	0.24
峰度		63.69	40.65	61.21	44.16	24.19
峰度的标准误差		0.49	0.49	0.49	0.49	0.48
极小值		0.10	0.104	0.17	0.06	0.26
极大值		87.93	62.02	119.26	84.08	60.18
百分位数	20	1.99	2.32	2.0	1.94	2.02
	40	3.51	3.53	3.27	3.19	3.25
	60	5.13	5.17	5.01	4.82	5.07
	80	8.56	8.41	7.94	8.10	9.10

2.3.3.2　应收账款周转率分析

有色金属企业应收账款周转率分析见表2-9。从表2-9中可以看出，有色金属矿山企业应收账款周转率均值比较大，原因是受到低端值的影响；从个体上看，有色金属企业应收账款率呈右偏尖峰分布；从百分位数看，40%以下的企业应收账款周转率在 10 以下，部分有色金属企业应收账款周转率低，应收账款管理水平低于有色行业平均水平。

表 2-9 有色金属企业应收账款周转率分析

年 份		2013	2014	2015	2016	2017
均值		882.79	1418.20	683.92	456.79	359.44
标准差		7398.76	8909.97	4394.96	3393.37	2892.39
方差		54741608.36	79387488.97	19315646.63	11514955.16	8365888.99
偏度		9.60	7.14	8.01	9.51	9.61
偏度的标准误差		0.25	0.25	0.25	0.25	0.25
峰度		92.38	52.28	67.63	91.76	92.83
峰度的标准误差		0.50	0.50	0.49	0.49	0.49
极小值		1.672	2.27	1.81	2.05	0.80
极大值		71352.16	72822.43	39439.83	32908.25	28019.72
百分位数	20	6.18	6.12	5.48	4.90	4.63
	40	8.60	10.66	9.47	10.45	8.04
	60	17.31	23.10	25.33	21.31	17.04
	80	52.57	71.12	72.23	61.54	60.20

2.3.3.3 总资产周转率分析

有色金属企业总资产周转率分析见表 2-10。从表 2-10 中可以看出，有色金属企业总资产周转率很低，平均在 1 左右；从个体看，有色金属企业总资产周转率呈右偏尖峰分布；从百分位数看，60%的企业总资产周转率在 1 以下，可以看出有色金属企业总资产周转率低，总资产利用效率不高。

表 2-10 有色金属企业总资产周转率分析

年 份	2013	2014	2015	2016	2017
均值	0.98	1.05	0.96	0.90	0.89
标准差	0.72	0.73	0.72	0.66	0.73
方差	0.51	0.53	0.52	0.44	0.54
偏度	1.46	1.33	1.79	1.48	2.26
偏度的标准误差	0.25	0.25	0.24	0.24	0.24
峰度	2.77	2.25	4.31	1.10	7.62
峰度的标准误差	0.49	0.49	0.48	0.48	0.48
极小值	0	0.11	0.08	0.04	0.07

续表 2-10

年 份		2013	2014	2015	2016	2017
极大值		3.98	3.77	4.18	3.30	4.76
百分位数	20	0.42	0.50	0.45	0.43	0.36
	40	0.68	0.72	0.64	0.60	0.55
	60	0.90	1.00	0.87	0.82	0.81
	80	1.63	1.64	1.55	1.32	1.26

据上述分析，有色金属企业的营运能力呈现出不均衡的状况，有半数企业在存货、应收账款及固定资产的经营管理能力方面需要提升；大部分企业的总资产利用效率低下，有着较大财务风险，需要及时做出调整。

2.3.4 发展能力分析

企业的发展潜力对企业盈利、运营能力产生极其巨大的影响，如果一个企业的成长能力不够，也会增加企业财务风险发生的机率。此处通过分析总资产同比增长率、净资产增长率和净利润增长率三个指标判断有色金属企业的发展能力强弱。

2.3.4.1 总资产增长率分析

有色金属企业总资产增长率分析见表 2-11。从表 2-11 中可以看出，整体上有色金属企业总资产同比增长率较高且拥有极大的极差，极端值的影响显著。2013 年总资产增长率最大值为 98%；从百分位数分析，2015 年后 40%的企业总资产增长率低于 5%，20%的企业总资产呈现了负增长，且低于−5%。

表 2-11 有色金属企业总资产增长率分析

年 份	2013	2014	2015	2016	2017
N(有效)	95.00	95.00	98.00	98.00	98.00
标准差	76.00	98.90	25.97	35.42	28.59
方差	5776.50	9781.43	674.20	1254.49	817.26
偏度	5.64	7.63	0.38	2.80	2.57
偏度的标准误差	0.25	0.25	0.24	0.24	0.24
峰度	41.20	66.74	2.12	11.89	10.49
峰度的标准误差	0.49	0.49	0.48	0.48	0.48
极小值	−31.97	−26.99	−61.50	−82.92	−26.39
极大值	633.88	910.13	100.54	188.59	173.10

续表 2-11

年份		2013	2014	2015	2016	2017
百分位数	20	2.16	0.01	-3.76	-0.43	-5.88
	40	14.42	11.15	3.72	5.34	3.47
	60	24.58	24.61	12.67	12.56	10.01
	80	41.75	40.42	30.94	22.35	27.95

2.3.4.2 净资产增长率分析

有色金属企业净资产增长率分析见表 2-12。从表 2-12 中可以看出，整体上看，有色金属企业净资产增长率呈现增长高且不均衡的态势，其中以 2013 年为例，增长幅度极大，但主要也是受到了极端值影响，2014 年此类企业的最大净资产增长率为 6816.89%；从百分位数上看，2014 年有 40%的净资产增长率还处在 4.09%以下，20%以上的企业净资产是负增长，低至-7%。

表 2-12 有色金属企业净资产增长率分析

年份		2013	2014	2015	2016	2017
均值		157.04	33.55	-12.58	26.93	22.39
标准差		1189.88	82.56	289.90	92.39	60.36
方差		1415822.36	6816.89	84043.40	8536.01	3642.77
偏度		9.67	2.37	-9.59	5.63	4.86
偏度的标准误差		0.25	0.25	0.24	0.24	0.24
峰度		93.98	9.04	94.03	39.7	29.55
峰度的标准误差		0.49	0.49	0.48	0.48	0.48
极小值		-190.38	-185.23	-2824.78	-80.95	-36.26
极大值		11602.44	438.79	166.35	750.06	455.52
百分位数	20	1.68	-0.64	-0.78	-2.11	-0.56
	40	6.76	3.15	2.11	1.44	2.60
	60	15.00	19.69	8.40	5.59	7.14
	80	49.48	61.77	18.77	30.35	30.43

2.3.4.3 净利润增长率分析

有色金属企业净利润增长率分析见表 2-13。从表 2-13 中可以看出，此类企业净利润增长率处于一种不均衡的情况，2014 年后有色金属企业的净利润增长率均值为负，2013 年、2014 年净利润增长率均值差极其大；从百分位数上看，

2015 年 60%的企业净利润增长率在-20%以下，2014 年 20%的企业净利润增长率为负。

表 2-13 有色金属企业净利润增长率分析

年 份		2013	2014	2015	2016	2017
均值		216. 89	-27. 16	-224. 36	-65. 33	-306. 22
标准差		1917. 19	628. 01	1229. 73	559. 59	1528. 10
方差		3675607. 95	394392. 54	1512230. 30	313139. 62	2335080. 03
偏度		9. 07	-0. 84	-7. 87	1. 54	-5. 68
偏度的标准误差		0. 25	0. 25	0. 24	0. 24	0. 24
峰度		86. 61	18. 38	69. 27	17. 46	33. 86
峰度的标准误差		0. 49	0. 49	0. 48	0. 48	0. 48
极小值		-2496. 88	-3378. 16	-11282. 59	-2194. 28	-10739. 87
极大值		18294. 86	3329. 44	1060. 59	3349. 71	652. 39
百分位数	20	-16. 43	-69. 05	-78. 34	-72. 42	-73. 22
	40	32. 37	6. 78	-43. 48	-31. 80	-10. 78
	60	68. 80	34. 29	-16. 16	-4. 27	19. 25
	80	127. 16	103. 03	13. 04	43. 48	92. 46

从上述指标的分析可以得出，有色金属企业整体成长能力较弱，具体表现是销售增长停滞不前，资本积累率下降。2013 ~2017 年，也有部分有色金属企业表现优异，这部分企业能够充分利用资金，使资源有效配置，较好适应环境、市场的变化，降低财务风险，维持较为稳定的经营业绩。

本 章 小 结

定性分析我国有色金属行业现状，考虑有色金属矿山企业的特性，包括原材料特性、矿产品特性、经济效益特性、投资特性和税费特性等，并采用财务分析法探讨有色金属矿山企业的财务特征，以准确地把握有色金属企业财务状况。

参 考 文 献

[1] 中国有色金属工业协会网站. http://www. chinania. org. cn/.

[2] 宋磊. EVA 对有色金属类上市公司业绩评价有效性实证研究 [D]. 沈阳：沈阳理工大学，2012.

[3] 中国投资咨询网. 2013~2017 年中国有色金属行业投资分析及前景预测报告 [R/OL]. (2013) [2013]. http：//www. chinairn. com/report/20130105/39748. html.

[4] 中国投资咨询网. 2015~2020 年中国有色金属行业现状分析与投资战略研究报告［R/OL］.（2015）［2015］. http：//www. chyxx. com/research/201509/31600. html.
[5] 吴一丁，陈成. 有色金属行业财务特征分析及风险源研究［J］. 财会通讯，2013（5）：120~122.
[6] 刘勤兰. 基于系统动力学的有色金属矿山企业运营仿真［D］. 赣州：江西理工大学，2009.
[7] 刘贻玲. 有色金属矿山企业财务风险预警指标与控制研究［J］. 收藏与投资，2017（11）：42~43.
[8] 郑明贵. 矿业技术经济学［M］. 北京：冶金工业出版社，2017.
[9] 陈志斌，叶玲娜. 企业现金流状况评价模型构建研究［J］. 东南大学学报（哲学社会科学版），2011，13（5）：52~60.
[10] 谢林海，徐禹. 有色金属行业上市公司现金流状况评价［J］. 商业会计，2014，12（24）：42~44.
[11] 韩新梅. 新常态下矿山企业成本管理优化策略研究［J］. 中国集体经济，2018（31）：62~63.
[12] 任娟. 黄金矿山企业资金管理策略研究［J］. 中国管理信息化，2015，18（12）：34.
[13] 马庆国. 矿山企业的资金管理浅析［J］. 中国总会计师，2014（137）：108~109.
[14] 袁庆霞. 现代煤矿企业财务管理创新模式探讨［J］. 企业改革与管理，2015（11）：126.
[15] 王淑萍. 财务报告分析［M］. 3 版. 北京：清华大学出版社，2011.
[16] 戴德明，林钢，赵西卜. 财务会计学［M］. 8版. 北京：中国人民大学出版社，2015.
[17] 荆新，王化成，刘俊彦. 财务管理学［M］. 6版. 北京：中国人民大学出版社，2012.

3 有色金属矿山企业风险源及其影响因素分析

财务风险源于财务风险产生的根源，经过访谈调研，运用SWOT法剖析了有色金属矿山企业面临的优势、劣势、机会和威胁，从而分析出矿山企业产生的财务风险。企业发生的财务风险的诱因可以从内部和外部两方面分析。从外部而言，外部环境的变化、世界经济、国际贸易、政治因素、科学技术环境等方面都对矿山企业的财务风险产生影响；从企业自身来说，主要是企业内部控制不力。本章梳理了矿山企业存在风险源的活动并对其影响因素进行反馈分析。

3.1 有色金属矿山企业运营管理现状

3.1.1 有色金属资源开采利用情况

中国属于世界上金属矿产资源比较丰富的国家之一。据统计，世界上已发现的金属矿产在中国基本上都有探明储量。经过整理发现，钨、锡、铝、锑、稀土等矿产比铁、锰、铝、铜等矿产储量大、质量高，前者在国际上具有较强竞争力，而后者贫矿多、难选冶矿多、质量欠佳；另外，我国超大型、大型规模矿床所占比例比已探明的中小型矿床所占比例要小。

有色金属资源作为一种不可再生的耗竭性资源，它需要经过数十亿年甚至更长时间才能形成，并且需要经过各种地质作用后富集起来。人类一旦进行开采，在相对短暂时期内，绝大多数金属资源不可再生[1]。这些年，由于市场不景气，企业对于矿山勘察的投入呈递减趋势，并且有许多已有矿山资源经过了若干年的开采，已经基本枯竭，而后备的资源接替基地匮乏。因此，目前有色金属资源依然呈现出资源丰富与危机并存的状况[2]。

3.1.2 有色金属矿山企业运营过程

有色金属矿山作为企业运营过程中的一个复杂的大系统，首先，它需要投入矿山资源、设备、资金和劳动力等，然后进入加工生产阶段，如生产勘探、采矿、选矿、检验包装等，最后形成矿产品、劳务及利润。由于我国有色金属矿山企业的生产对象具有有限性和不可再生性，因此矿山企业的生产会受到制约；同时，由于它是一种资源，出于国家安全考虑，故对矿山企业的生产进入和退出壁垒要求比较高，经营、管理的限制性条件多，如国家政策、资金、技术、人力资源等。矿产品商品的价格波动比较强，随供求量的变动上下波动大。开采过程中，部分矿石由于技术或经济方面的原因不能采出而造成损失；同时，在开采和运输过程中也不可避免地会混入废石而使矿石品位降低，即贫化。因此，降低损失率和贫化率，是矿山采矿工作中重要的质量要求。

矿床类型和性质的不同、地质情况千差万别、开采技术条件千变万化、采矿工作的地点随着工作面的推进而变换，导致采矿作业具有多样性。矿山开采的方法和工艺也需要随着矿床的变化和采矿工作的推进而变化。因此，加强生产矿山的地质勘探，加强矿山管理，及时调整生产进度与强度尤为重要。

3.1.3　有色金属矿山企业投资情况

矿山企业的固定资产与一般生产性企业的固定资产有着明显的区别。它的生产建设项目较多，尤其以生产性、辅助生产性的建筑物居多，且大型、重型机械较多，这些设备的有形磨损和无形磨损都较大，投入资金较大。具体包括：矿产资源开发投资，主要有矿产权、矿产资源开采投资、采矿、选矿设备、安全防护装备；环境治理投资，主要有废气、废水、固体废弃物处理；土地复垦等在建工程投资，主要有生产性建筑物、房屋建筑物和辅助生产性建筑物。

3.1.4　有色金属矿山环境保护情况

有色金属矿山的生态环境遭到广泛破坏，原因在于矿产资源没有得到合理开发抑或无序开采，这样就会造成空气、水土、植被、地形地貌和自然景观等生态环境不同程度的污染破坏，给人民的生产生活带来较强的外部不经济效应。因此，对于生态环境的恢复和治理需要投入大量人力物力财力，但显然，环境被破坏后治理并非易事，并且很难恢复到最初状态。随着经济发展、社会的进步，人们对于生活环境质量的要求提高，环保意识有所增强，加上国家对资源的环境保护的政策管制力度加大，矿山企业需要投入更多的环保与复垦资金，投入更多人力、物力，走绿色可持续矿业之路。

3.2　有色金属矿山企业运营财务风险源分析

SWOT 分析是由美国哈佛商学院率先采用的一个实用性较强的分析方法。它可以根据企业拥有的资源，进一步分析企业内部的优势、劣势以及企业外部环境的机会、威胁，进而选择适当的战略。SWOT 四个英文字母分别来自优势（strength）、劣势（weakness）、机会（opportunity）、威胁（threat）的英文首字母[3,4]。

(1) 优势方面（S）。

1）内在资源条件不错。我国矿产资源储量丰富、品种较多，对于矿业企业来说，保有的资源储量是确定生产规模的核心要素，是企业生存发展的重要保障，拥有的资源越多，竞争力也越强，抗风险能力也就越强。

2）综合实力一直在不断地增强。矿山产业链涵盖了地质勘探、采矿、选矿、冶炼和精选等生产过程，应采取一体化战略，扩大企业的生产规模，利用规模效应，降低成本。

3）研发能力在不断增强。自1978年改革开放以来，我国的此类企业自行开展研究开发的能力得到了极大的提高，技术上取得了很大进步，总体实力、产量都有显著的提高，出口量也持续增长，收入丰厚，大部分矿山企业都还有着很多的未分配利润，有色金属企业处于蓬勃发展状态。

（2）劣势方面（W）。

1）矿山企业投资较大、风险系数高。矿产都埋藏在地表下，矿体的属性复杂多变，不确定性强，即使通过详细勘探也无法全面准确了解其品质和规模。因此，矿山建设前期要进行矿山建设技术经济可行性研究。

2）企业拥有沉重的债务。矿业企业一般规模较大，而自有资金有限，资金结构和资金来源严重不合理。负债资金的比例占全部资金的比例过高，有些企业竟然高达百分之六七十以上，而投资回收期长，由此，企业的债务无法一次性全部偿清，长期如此容易形成恶性循环，导致企业陷入财务困境的沼泽中，所要偿还的利息也是一笔大支出。企业财务负担过重，偿还能力严重不足，加剧企业财务风险。

3）难以进行投资决策。有色金属企业对资金的需求量巨大，如果发生投资失误且资金被套死，对企业的经营带来的影响是极其严重的。所以不管是兼并、重组还是对新开工项目进行投资，如果不能增加收入或者降低生产成本，就会埋下投资的潜在风险，逐渐把一个发展良好的企业带向资金周转困难的深渊。进行投资控制需要进行正确投资战略定位，进行系统可行性分析，考虑负债性投资是否合算，投资行为是否会影响企业的核心竞争能力等问题。在固定资产投资决策过程中，由于不能准确判断矿山的实际产能，容易造成随意上项目，发生固定资产闲置的情况。这些项目投资大，难以获得预期收益，会给企业带来不可估计的财务风险。

4）企业的经营管理方式落后。由于矿业企业自身具有的特殊性，多处于远离城市的偏远地区，自然环境恶劣，生活条件差，很难留住优秀的财务人员；同时，很多矿山还是采用传统的生产经营模式，企业管理者对财务风险的认识十分不足，使得部分矿山企业的财务管理制度不完善，在制度执行的过程中，财务管理制度被架空，内部控制失效的现象也是十分常见的。

（3）机会方面（O）。

1）国内方面的机会。近几年来，我国的社会主义现代化建设步伐逐渐加快，现在正处在高速建设期，国家大力投入资金在基础设施建设等方面开展各种项目，如交通设施的建设、居民保障性住房等领域，这些项目都直接拉动了建筑用钢的需求，进而释放了对有色金属的需求，有效需求得到显著扩大。

2）国外方面的机会。近几年，国家提出“一带一路”走出去的国际合作倡议，许多的资源大国都热切希望中国能够去投资勘查开发其境内丰富的矿产资源，中国矿业企业“走出去”面临着有史以来最好的机遇。同时，国内很多大型矿工企业在资金、研发、勘探等方面积累了丰富的经验，壮大了实力，通过多种形式，实施“走出去”策略，在国际各方面提高了我国的话语权。

（4）威胁方面（T）。

1）经济危机的影响。在目前的国内环境下，有色金属行业的发展依赖国民经济的发展。在国民经济向好发展的时期里，投资力度、消费需求的增加刺激了行业的发展；当国民经济处于萧条时，经营环境的一些变化也会影响到行业的发展。国民经济的波动可从大方向上影响公司的各个财务指标，财务风险也随之而来。

2）政策的变化。有色金属上市公司属于资源性企业，国际环境和国内相关政策形势对其影响巨大，如受到金融市场、汇率变动、通货膨胀等因素的影响，在低迷的市场里，此类企业面临着前所未有的困难挑战，财务风险的诊断也变得更加困难，许多矿山企业已经减产，财务危机步步紧逼。特别是近几年，我国有色金属行业上市公司在海外市场参与大量高额投资，国际经济政治环境的不确定性也带来了潜在的不稳定性因素，因此有色金属企业的财务管理需要密切关注全球经济活动和政治活动的情况。

3）环保意识的加强。每次“两会”上，国家呼吁环境保护的声音非常强烈，有色金属矿山企业必须遵循循环经济和清洁生产理念，不断加大对安全环保的投入，使用各种方式努力修复生态环境，同时根据节能减排的要求，逐步淘汰落后的矿采设备等，而这些将增加企业的经营管理成本，削减投资者的预期收益，影响投资者的投资决策，进而增加企业的财务风险。若出现环境污染事件还会造成恶劣影响，使企业信誉和形象受损，减少产品产量，同时造成经济损失；更有甚者，还会判为犯重大环境污染事故罪，有高新技术企业资格的还会被取消该资格。

4）矿业工作环境恶劣。矿业工作环境恶劣，安全系数小，职业病多发。因此，矿工的服务年限较短，所以减员和新增职工速度的周期短，这也就造成矿业支付劳保费用、社会保险费用等非生产费用较一般行业要多，给企业增加了财务负担。

综合SWOT分析法，可以明确有色金属矿山企业风险来自于威胁及劣势两个方面：威胁方面主要是外生风险源，归因于外部环境的改变；劣势方面是内生风险源，根源在于企业内部控制不得当。

3.3 有色金属矿山企业风险管理概述

风险是普遍存在的，任何工程项目都有风险，只是大小不同而已。风险不以人的意志为转移并超越人们的主观意识客观存在。在项目的全寿命周期内，风险无处不在，无时不有。因此，对待风险有一个正确而科学的态度至关重要，要学会分析风险、估计风险、分散风险及控制风险，以降低风险损失。矿产资源的勘探与开发利用是一项极其复杂而且充满各种风险（如技术风险、市场风险、生产风险与环境风险等）的活动，而矿山企业的各项活动均离不开现金，由此以上的各类风险最终必将反馈到财务风险中。在分析矿山企业经营、投资、筹资各方面活动风险时，有各种各样的分析方法，这些分析方法能帮助人们识别风险、估计风险、管理风险和应付风险，从而实现规避风险或降低风险损失。

3.3.1 财务风险的概念及特征

3.3.1.1 财务风险的概念

财务风险一直以来都是企业管理人员关注的焦点。理论界对财务风险的定义有广义和狭义两种。狭义上认为企业的财务风险是因为负债，外债的增加给企业偿还债款能力和股东的权益带来了不确定性的变化；广义上认为企业的财务风险在企业创造价值活动的全过程中都是存在的，在无法预料或难以控制的各个条件的影响之下，企业最后的现实收益和当初预计的预期收益产生了偏差，给企业带来了损失或者享有机会的可能性。

3.3.1.2 财务风险的特征

综合财务风险的具体内涵，财务风险的特征包括下列五个方面：

（1）客观性。财务风险是客观的，存在于企业日常活动的各个环节中，不以人的主观意志为转移。

（2）不确定性。一定条件下的企业活动带来的利润或损失是无法准确估计的，人们只能采取一些措施去努力避免和减少损失。

（3）复杂性。财务风险发生的原因有内部原因和外部原因，有些可以预测，但也有一些不可预测，这使得财务风险的成因变得极其复杂；由于财务风险的强弱、表现等有着十分巨大的差异，所以财务风险的形成过程也是非常复杂，难以简单叙述。

（4）潜在性。一个企业在日常的经营管理中会遇到财务风险问题，但是由于它具有不确定性和复杂性，所以在一定时期内会表现出潜在性的特征。

(5) 损失和收益双重性。财务风险会带来损失，给企业带来不可挽回的后果，严重影响企业的日常经营。然而，在某些条件下风险和收益是成正比的。

3.3.2　财务风险管理

企业的财务风险管理是指企业为应对和规避所面临的在经济业务中发生的财务风险，通过识别财务风险，分析、评估财务风险可能给企业带来的损失大小和影响程度并采取有效的管理手段和管理策略控制风险，以保障本企业财务活动能够正常开展的管理过程。

从财务风险管理的定义可以看出，风险管理的含义有以下几点[5~7]：

(1) 对象是各种的资金运动风险。一种是潜在状态，尚未形成损失的财务风险；另一种是处于现实状态，已经造成损失的财务风险，都是风险管理的对象。

(2) 具有多个目标，包括事前、事中和事后管理目标。事前管理是在损失发生之前防止担忧的风险发生或将所担心的风险控制到一定限度内；事中管理是在工作的过程中，根据实际情况将风险控制在可接受范围内；事后管理是在损失发生以后，分散风险，降低损失，并重新权衡财务活动的风险收益，作为日后财务风险管理的经验。

(3) 财务风险管理程序。

1) 财务风险的识别。财务风险识别首先是要认识和确定项目可能会存在哪些财务风险因素，这些财务风险因素会给项目带来什么影响及其具体原因是什么。在对财务风险特征充分认识的基础上，识别项目潜在的财务风险和引起这些风险的具体因素，进一步通过财务风险评价确定损失程度和发生的可能性，进而找出关键财务风险因素，提出财务风险对策。

财务风险识别的一般步骤是明确所要实现的目标，找出影响目标的全部因素，分析各因素对目标的相对影响程度，对各因素向不利方向变化的可能性进行分析、判断并确定主要风险因素。

财务风险识别包括鉴定企业日常活动中碰到的财务风险性质和分辨财务风险的凸显情况及其对企业的影响程度。财务风险的识别方法有现场观察、分析财务报表、分析案例、向专家调查、分析业务流程等方法。

2) 财务风险的测量评估。财务风险估计是估计财务风险发生的可能性及其对项目的影响。矿业投资项目所涉及的风险因素有些是可以量化的，可以通过定量分析的方法对它们进行分析；另外，也存在许多不可量化的风险因素，它们又可能给项目带来较大的风险，有必要对不可量化的风险因素进行定性描述。因此，财务风险估计应采用定性描述与定量分析相结合的方法，测量评估可以借助于相关模型和评估方法评估出财务风险的发生可能性、发生的范围和对企业的影响，运用数学方法和相应信息系统量化财务风险的大小，从而对项目所面临的风险做出全面的估计，为财务风险决策提供一些数据参考。

3）财务风险的控制与化解。财务风险评价是在风险估计的基础上，通过设置相应的指标体系和评价标准，对财务风险程度进行划分，以揭示影响项目成败的关键风险因素，以便采取防范对策。财务风险评价包括单因素财务风险评价和整体财务风险评价。财务风险的控制与化解是财务风险管理的主要核心内容，是对企业人财物各方面及供产销各环节进行有效的监控，以企业财务风险管理策略及经营方针为依据，达到改善企业财务风险状况最终化解风险的目的。

4）风险对策。针对矿业项目可能面临的主要风险因素，应提出有效的风险防范对策，避免风险的发生或将风险损失降低到最小程度，这样才能有助于提高投资的安全性，使得项目获得成功。风险对策研究的结果应及时反馈到可行性研究的各个方面，并据此修改部分数据或调整方案；另外，可行性研究阶段的风险对策可为投资项目实施过程的风险监督与管理提供依据。

5）风险分析结果。在完成上述步骤后，可归纳整理项目的风险分析结果，见表3-1。

表3-1 风险分析结果

主要风险	风险起因	风险程度	后果与影响	主要对策
A				
B				
⋮				

（4）财务风险管理是个动态的变化过程。在实施管理的过程中，应当根据企业内外部条件和风险状态的变化适时调整企业的管理策略及方案。

（5）财务风险信息交流。在财务风险分析的各个阶段都需要进行充分的风险信息交流，加强风险评估者、风险管理者、消费者以及其他有关团体之间就风险的有关信息和意见的相互交流。信息交流贯穿风险分析的全过程，交流的内容可以是危害和风险，或与风险有关的因素，或对风险的理解，或对风险评估结果的解释，或对风险管理决策的制定基础等。

3.3.3 有色金属矿山企业风险管理现状

通过第2章对我国有色金属行业现状、矿山企业特征及财务状况的分析，结合矿山企业现金流三大活动，可以梳理出我国有色金属矿山企业财务风险管理现况，为后续加强矿山企业财务风险管理提供依据[8~13]。

3.3.3.1　经营方面的财务风险

(1) 由于有色金属矿山企业所处行业的特殊性，市场对其影响较大，因此财务风险也相应较大。矿产规格简单，谈判容易，矿产市场具有较强的国际性。这种情况主要是因为矿产品市场供需状况、矿产品价格、原材料、燃料及动力来源和价格等方面因素变动影响，从而造成矿山企业实际生产成本与预期生产成本的偏差。有色金属行业的周期性也比较强，当经济波动较大时，相比其他的行业来说更容易产生风险。

(2) 有色金属矿山企业生产技术要求比较高，体现在矿业勘探、开发过程中由于技术的局限性而产生的风险比较大，矿山企业生产技术主要涉及勘查、开采技术和选冶技术。具体风险见表3-2。

表3-2　矿山企业生产技术风险

风险	特点	原因
勘查风险	发现一座可采矿床的概率非常低，从发现到探明一个经济可采矿床的平均成本也相当高	投入的成本与收益的对比，取决于探矿者的工作态度、工作经验、工作思路、勘查方法的运用、方法手段的组合、勘查过程对目标矿产的动态认知能力和超前的敏感性以及团队合作能力等
	不同的探矿者，勘查的结果可能差别很大	
开采技术风险	开采技术条件原因导致最终生产能力是否能够达到预先设计能力具有不确定性	由于各种原因，建设投资和生产成本都有可能超过可行性研究的预期值，而且投产后可能出现较多技术问题，长时间达不到设计生产能力
	使用新工艺技术时达到设计生产能力所需时间的不确定性所带来的风险相当高	
选冶技术风险	矿石组分的差异决定了选冶的难易程度	矿石特点、选冶工艺流程、选冶技术问题都会影响选冶的进度及成本
	矿石对选冶工艺技术的要求过高将导致开发成本上升，甚至使项目变得不可行	
	选冶技术落后又会导致资源利用率低下，引发资源浪费	

(3) 有色金属上市公司属于资源性企业，由于矿产品具有的物质-金融两重性，受金融市场的波动、汇率变动等因素的影响，其财务风险的量化判断变得更加困难。汇率的波动会给未来投入品的成本带来更大的不确定性，使投资者无法预期。而频繁的、无预期的汇率波动可能给投资者带来巨大的经济损失。

(4) 经统计发现，矿产品销售一般集中在少数的大客户中，在这种情况下，如果其中的一家客户发生违约，或者业绩下降，资金周转不灵，不能够及时或全额偿还企业的欠款，对企业的影响是很大的。另外，把企业的应收账款作为一项投资，从投资的角度来分析，投资越集中，风险就越大。

(5) 有色金属企业资金密集、业务集中，这使得企业经营随着企业主营业务收入的波动带来较大风险；同时企业财务风险与企业盈利能力、偿债能力、营运能力等问题联系密切。

(6) 矿工服务年限短，企业支付的非生产费用较高。矿工的服务年限短是由于矿业劳动环境差、不安全因素多、职业病多等因素造成的，自然减员和新增职工速度快，这使得矿业支付劳保费用、社会保险费用等非生产费用较一般行业要多，给企业增加了一部分财务负担。

(7) 矿产资源属于自然资源，其开发都是在自然环境中进行，可能会遭遇地震、火山爆发、水灾、泥石流等破坏性极大的自然灾害，以及一些不可预知传染病、疾病等不可抗因素，干扰项目的运行甚至导致项目的失败，因此，应充分了解当地自然灾害发生的频率及其可能带来的损失。

另外，还应考虑由于个体或团体的行为过失等造成的损失风险，如矿工罢工、社会动乱等。

3.3.3.2 投资方面的财务风险

矿床的勘探和开发是一项极其复杂的综合工程，对这样一个工程进行投资决策，必然会存在投资风险问题。

(1) 矿山企业的投资之所以是一种高风险性的投资，其原因在于：矿产蕴藏于地下，在复杂或极端地质环境下开采，风险很大，如高寒、高海拔地区采矿，缺氧会造成设备、车辆动力衰减、运输困难；在地下水丰富地区，如地下暗河或溶洞条件下采矿也会加大项目的开发成本，即使通过详细勘探也不一定能完全了解其品质和规模，矿产资源成分复杂多变。因而，勘探、开发利用矿产资源的过程，必须不断地探索、研究，在这一过程中企业会伴随着不同程度的投资风险。地质条件的优劣直接关系到矿产资源勘探开发工作的进行。

(2) 矿产市场环境的不确定性带来的风险。矿产品同其他商品一样都存在价格波动、供需矛盾等市场经济现象，但矿产品的生产经营活动与其他商品不同，它的投资周期长，仅仅是矿山设计与开发活动就需要 5~10 年。因此，当市场供需出现矛盾时，矿山企业难以在短期内对其生产规模做出迅速调整。

(3) 在资源环境约束力越来越强的发展趋势下，绿色经营慢慢成为主流，这也要求有色金属矿山企业必须遵循循环经济和清洁生产理念，并在企业生产运营管理中得以体现。如矿山企业应对矿山生产过程中的废石、废渣、尾砂等进行有效管理，对破坏了的植被面积进行复垦，但对于企业来说这样将增加资本的投入。环境成本内在化目前为大势所趋，即将环境成本纳入到生产成本中，从而体现资源的稀缺性和污染付费的原则。矿业投资为高污染投资，因此环保成本对生产成本的影响显著。

还有矿业投机风险等，譬如矿产品市场价格时高时低，价格下跌给投资者带来损失；而价格上涨又会使矿业投资具有一定的诱惑性，一些人为获利而甘愿冒其风险而投资。

矿业投资的特殊性同样使得矿业投资还面临投资政策、融资成本、国际关系等方面的风险。

3.3.3.3 筹资方面的财务风险

(1) 企业因生产经营的需要到金融市场筹措资金难以预测。矿业投资具有周期长、资金需求量大、不确定因素多、投资风险大的特征，对资金需求有时难以预计，如果在生产经营过程中所需的资金很难及时筹集到，就很有可能导致投资失败，这必然带来融资风险。

(2) 我国有色金属上市公司资金来源十分复杂。由于筹资决策的失误和客观经济环境的限制等原因，资金结构和来源不合理现象比比皆是，具体表现为负债资金占全部资金的比例过高。有些公司的资产负债比率高达百分之六七十以上，而且承担着高额的利息。这种不合理的现象会让企业财务负担过重，与此不对等的偿还能力，会使企业产生财务风险。

(3) 有色金属企业产品价值高，价格下跌引起存货跌价，同时周转率差，存货占用企业过多资金，高资产负债率，融资成本大，财务风险高。

(4) 由于矿产品市场价格波动，有可能导致各种投资项目盈利下降，进而引起还款能力下降，会产生投融资风险。融资平台偿付风险还有可能在于无法得到后续资金的支持，或者单纯追求低利率进行期限错配，形成投融资风险。

除此之外，公司管理者对财务风险的认识有待提高、公司内部控制失效、管理者错误的决策都容易导致出现严重的财务风险。

从上述分析可以得知，我国有色金属企业面临着严重的财务风险，需要增强风险意识，对矿产品国内外市场进行市场分析和预测，通过收集整理反映矿产品市场的历史、现状以及发展变化的资料，为项目可行性研究提供科学依据。应提高财务风险管理水平，加强对资金的控制，提升规避财务风险的能力。

3.4 有色金属矿山企业风险源存在活动及其影响反馈分析

3.4.1 有色金属矿山企业风险源存在活动影响分析

有色金属矿床的勘探和开发是一项极其复杂的综合工程，多种因素相互联系、相互影响、相互制约。对这样一个工程进行投资决策，必然会遇到风险问题，因为在决策时无法完全查明矿床的全部情况，而且各种环境参数（如市场条件、经营成本、矿业政策等）只有在项目开发过程中才能得到比较准确的数据。例如，某一矿业项目的风险主要来自以下三方面：矿业项目自然、资源条件的不确定性，包括矿床自然条件，如地质条件的不确定性，矿岩物理力学性质、水文条件的不确定性，矿石品位和矿产储量的不确定性等；市场、社会环境的不确定性，包括投资、矿产品价格、成本、市场供需、矿业政策、环保法规、国内外政治经济形势等；基础资料的不确定性，由于矿床经济评价和矿业项目可行性研究的大部分基础资料来自类似矿山或经验，因此其正确性或可靠性难以保证[14~17]。

应通过有色金属矿山经营、投资、筹资等在企业运作方面的情况，找出矿山企业风险发生的可能性，分析影响其风险存在的影响因素。主要内容包括：经营活动的特点以及变化的规律，储量、开采量、产品流向等的变化，矿山成本和各项费用高低对经营活动的影响；投资活动的特点和变化规律，矿山环境治理、投资，技术设备投资对投资活动的影响；筹资活动的特点和变化规律，矿山吸收、偿还资金，分配股利等对筹资活动的影响；矿山经营活动、投资活动及筹资活动变化的结果，资金的来源、使用、盈余或短缺；矿山企业各活动不合理资金使用的环节、数量以及特点分析；影响不合理资金发生的因素分析。具体见前文 3.2 节 SWOT 分析。

3.4.2 有色金属矿山运营财务风险的影响因素反馈分析

当前，伴随着经济全球一体化、科学技术突飞猛进，有色金属矿山企业如何适应新时代的要求、顺应未来发展趋势，值得思考。鉴于有色金属矿山企业地质环境复杂，运营管理特殊，结合矿山资金流转基本特性，需要遵循系统科学和系统工程的理念，进行系统思考，把矿山财务风险循环作为一个内在联系、动态复杂的系统来研究，并以此系统中各子系统及其要素之间的相互关系作为基本框架，对影响财务风险循环的各种主要因素之间的反馈关系加以提炼和精简，找出发展过程中的限制因素和增长因素，构建一个集储量、开采量、固定资产投资、环境等各子系统串联起来的总体系统，加以管理，从而达到维护资金循环、优化不同形态资金分布、高效利用内部资金、降低矿山财务风险的目的，最终确保矿山稳定、健康成长。

对于不同的企业，运营因素也各不相同，但是都有一个相似的结构——子系统。本节研究的矿山财务风险管理系统主要包括经营风险管理系统（包括储量子系统、资源开采子系统、产品流向子系统）、投资风险管理系统（环境治理与投资子系统）和筹资风险管理系统等管理系统，各系统因果关系错综复杂，各影响因素之间相互制约、相互联系，因果反馈图如图 3-1 所示[18~21]。

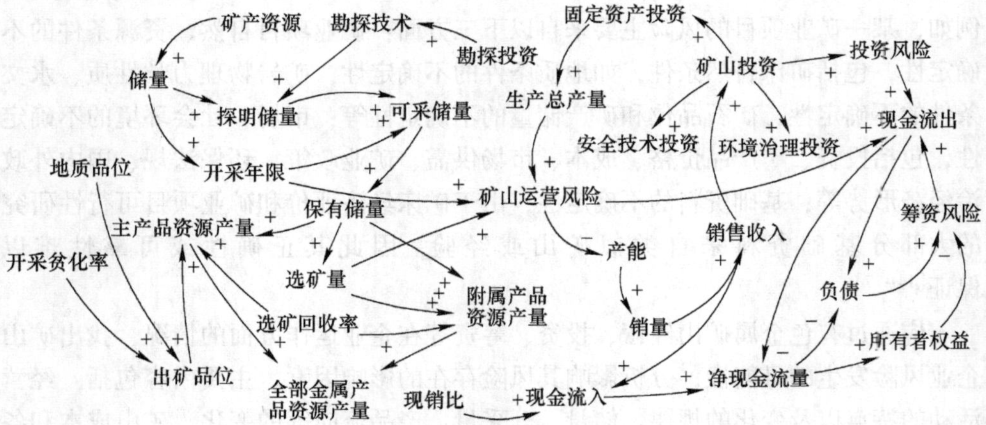

图 3-1 有色金属矿山企业财务运营风险反馈图

本章小结

通过 SWOT 法剖析了有色金属矿山企业面临的优势、劣势、机会和威胁，从而分析出矿山企业产生的财务风险来自内部控制不力和外部环境因素影响。结合有色金属矿山财务特征，对矿山企业经营活动、筹资活动和投资活动各影响因素所起的作用进行分析，明晰有色金属矿山企业财务风险产生的动因。

参考文献

[1] 黄圣洲. 我国有色金属上市公司财务风险的分析［D］. 赣州：江西理工大学，2009.

[2] 郭峰. 论有色金属矿业财务分析及其特点［J］. 财经界（学术版），2013（23）：164~165.

[3] 王云，王云珠. 基于 SWOT 分析的煤炭企业战略转型研究［J］. 当代经济管理，2012，34（2）：63~66.

[4] 李喜平. SWOT 分析在企业管理中的应用［J］. 机械管理开发，2012（125）：122~124.

[5] 沈洪涛. 上市公司财务风险评价模型实证研究——基于中国有色金属业的证据［J］. 生产力研究，2012（7）：248~250.

[6] 苏红梅. 探讨企业财务风险控制的方法［J］. 中国商贸，2014（8）：130~131.

[7] 刘一桥. 企业财务风险度量方法概述与评价［J］. 财会通讯 · 综合（中），2009（8）：140~141.

[8] 华英芳. 有色行业企业财务风险管理研究［J］. 财会研究，2010（23）：59~60.

[9] 张驰. 有色金属行业的财务安全［J］. 首席财务官，2015（10）：76~78.

[10] 刘小莉. 我国有色金属行业企业财务风险管理研究［D］. 赣州：江西理工大学，2012.

[11] 吴一丁，陈成. 有色金属行业财务特征分析及风险源研究［J］. 财会通讯，2013（5）：120~122.

[12] 赵春艳. 有色金属行业财务管理策略探究［J］. 财经界（学术版），2012（8）：235.
[13] 李翠微. 如何加强有色金属加工企业财务风险管理［J］. 财经界，2014（2）：178~180.
[14] 王青，史维祥. 采矿学［M］. 北京：冶金工业出版社，2001.
[15] 陈国山. 采矿概论［M］. 北京：冶金工业出版社，2008.
[16] 陈建宏，古德生. 矿业经济学［M］. 长沙：中南大学出版社，2007.
[17] 李创，王丽萍. 矿业经济学［M］. 北京：北京大学出版社，2014.
[18] 陈志斌，叶玲娜. 企业现金流状况评价模型构建研究［J］. 东南大学学报（哲学社会科学报），2011，13（5）：52~60.
[19] 杨玉. 有关企业财务风险防范措施的研究［J］. 现代商业，2013，14（9）：123~124.
[20] 刘贻玲. 有色金属矿山企业风险控制系统模型构建——基于系统动力学方法［J］. 财会通讯，2016（12）：88~95.
[21] 谢英亮，刘贻玲. 东江源区寻乌县经济环境协调发展系统动态仿真模型研究［J］. 安徽农业经济，2009，37（8）：3830~3833.

4 企业财务风险控制方法对比分析及系统动力学方法概述

综合前面SWOT分析法、内外部环境，分析了矿山企业运营财务风险的缘由，许多矿山企业也纷纷针对其运作过程存在的财务风险控制机制进行了分析，对政府需要营造良好外部环境、企业内部需加强自身风险控制力度提出了建议。但现行矿山企业财务风险控制方法大多是定性的，虽有定量的，也是以简单的线性统计分析方法为主，缺乏系统方法分析。本章结合系统动力学的特点以及系统动力学在财务预警中的适用性和可操作性等优势，以系统动力学为工具研究有色金属矿山企业财务预警控制问题，力图在方法上有所创新。

4.1 企业财务风险控制方法对比分析

4.1.1 定性方面[1~3]

(1) 营造全员防范风险的氛围。财务风险的防范，需要营造一个全员参与的氛围，领导层需要树立风险防范意识，加强对整个企业人员的风险教育，其中，最为重要的是提高财务人员的专业知识，并让各部门各层级员工参与到企业财务管理中来，明确各部门之间内部关系，真正做到权责分明、各司其职。

(2) 建立切实有效的融资主体资金管理机制。建立统一的融资主体资金管理领导机构，设立领导小组办公室负责平台资金使用和管理的具体协调工作；制定《投融资主体贷款资金管理办法》，对融资主体的借款人资格认定、贷款申请、项目确认与调整、贷款使用、贷款偿还、贷款账户开立与资金账户管理、检查监督等项目运作全过程做出明确规定；建立集团式资金管理与支付系统，明确贷款资金使用的审批流程，理顺借款人与用款人的资金往来关系，开设统一的贷款资金专户和还本付息专户进行统筹管理，并通过设立一般结算账户，及时有效地调拨融资平台系统内资金。

(3) 建立完善的现代企业制度和财务管理制度。建立现代企业制度、完善问责机制、实行信用公开披露制度，以及包含会计、审计制度在内的财务制度。融资主体应遵循现代企业运作方式，明确董事会、监事会、管理层的职责分工，规范办事程序，提高办事效率，与此同时，还应充分发挥管理层的激励与约束机制，保障融资主体的顺利运行。

“没有规矩，不成方圆”，对于每一个企业来说一套完善的财务管理制度是必不可少的，并且要把这一制度结合矿山企业实际，具体落实到各流程中去。这就要求管理层要严格监督，并对执行情况制定奖惩制度。完善的财务管理制度是提升财务管理水平，降低财务风险的重要内容之一。

（4）优化企业资产结构。由于矿山企业所需的资金庞大，筹集的资金大部分源于银行借款。因此，想要构建良好的资本结构，就要求必须减少财务负债或者将财务负债控制在合理的范围之内，抑或以持股的形式与其他关联企业建立合作伙伴关系，还可以通过融资租赁和收购的模式，优化资本结构，确定合理的资本结构。企业发展的基本保障是良好的资产结构，这样的结构不仅能有效地预防财务风险，还能间接吸引投资。

（5）提升财务管理对外部环境的适应能力。在外部环境瞬息万变的情况下，国际国内形势的变动会对企业产生了巨大的影响，有时也可能是致命的。因此，企业管理层需要引导企业员工时刻关注时事，掌握国家政策法律法规和市场运行规律，针对可能发生的风险，能够及时发现并采取有效的防范措施，降低国家宏观环境变化对企业的影响，提高企业对财务风险的应变能力和抵御能力。

（6）从风险源头出发分析风险。识别风险源，厘清财务风险产生的原因，分析传统有色金属行业公司财务管理的现状及存在的问题，着重分析矿山企业存在的关键风险因子，如筹资风险、投资风险、现金流量运作风险、企业连带担保财务风险、外汇风险等，最后提出有效对策应对风险。

（7）主观的风险调控方法。根据风险调整返本期，即通过缩短投资项目的标准投资返本期来补偿投资风险。投资回收期越短，意味着投资回收越快，资金亏损的风险越小。

根据风险调整贴现率。即根据今后收到或支付的款项折算为现值的利率来进行风险补贴。在贴现现金流量时，风险比较大的矿山采用的贴现率要高于风险较小的矿山。

根据风险调整投入参数。即在投资费用和成本、吨位、品位、价格等单一估值中，建立某种保守偏差。

4.1.2 定量方面[4~7]

4.1.2.1 财务风险评估方法

盈亏平衡分析。就是研究能够抵消固定成本所需要的最低产销量或产销收入，即盈亏平衡点。在盈亏平衡点，销售利润正好抵消固定成本，利润为零，企业不会亏损，即保本。矿山企业由于矿产品市场变化大、价格不稳定、矿山项目固定开支较大，因此确定盈亏平衡点尤其重要。

企业可以将财务风险通过敏感性分析量化。敏感性分析是针对潜在的风险性，对项目的各种不确定因素，计算其主要经济指标变化率及敏感程度的一种方法。敏感性因素一般可选择主要参数（如销售收入、经营成本、生产能力、初始投资、寿命期、建设期、达产期等）进行分析。

盈亏平衡分析和敏感性分析都是通过某个不确定变量，计算项目预期收益的变化大小，以此确定该不确定因素对项目收益的影响程度，便于决策者确定影响项目收益的变化大小。

决策树法也是评估财务风险的一种方法，这种方法是在不确定的情况下，使用简单的树枝图形，形象地阐明投资项目各方案的情况，完整地反映企业风险及其决策过程。

情景分析法可以用来预计威胁和机遇可能发生的方式，以及如何将威胁和机遇有效地用于各类长期及短期风险。通过模拟不确定性情景，对企业面临的风险进行定性和定量分析。

在国外，蒙特卡罗（Monte Carlo）法（亦称为随机仿真（random simulation）方法）被广泛应用于财务分析和经济评价中，特别适用于勘探风险和采矿工程风险的评价，因为矿山企业拥有许多关键的不确定变量，如品位、储量、价格、采矿投资、选矿成本、采选回收率等。

此外，因子分析法、杠杆分析法、金融工程化方法和手段等都可用于评估财务风险。

4.1.2.2 建立财务风险预警体系

为了全面反映一个企业的财务状况，可通过偿债能力、盈利能力、营运能力、获利能力、发展能力五个方面对我国有色金属行业特征进行分析，选取相应财务指标建立完善的财务风险预警体系，并通过这些量化指标对企业的财务状况进行合理评估，对可能存在的财务风险进行及时的反馈，为公司决策层提供有利的决策信息。为了更好地体现一个企业的经营风险状况，在传统的财务指标基础上引入现金指标，以及公司治理、研发能力、人员报酬等非财务指标，预警的效果能更加让人满意。具体见表4-1和表4-2。

表4-1 财务风险预警指标

指标类型	指标名称	计算公式
偿债能力	流动比率	流动资产/流动负债
	速动比率	（流动资产-存货）/流动负债
	现金流量利息保障倍数	经营活动现金净流量/财务费用
	经营现金流量负债比率	经营活动现金净流量/总负债

续表 4-1

指标类型	指标名称	计算公式
盈利能力	资产报酬率	（财务费用+利润总额）/总资产平均额
	总资产净利润率	净利润/总资产平均额
	净资产收益率	净利润/股东权益平均余额
	营业净利率	净利润/营业收入
营运能力	存货周转率	营业成本/存货平均占用额
	应收账款周转率	营业收入/应收账款平均占用额
	固定资产周转率	营业收入/固定资产平均净额
	总资产周转率	营业收入/总资产平均额
获利能力	净利润现金净含量	经营活动现金净流量/净利润
	销售收入现金含量	销售商品提供劳务收到的现金/营业收入
	资产现金回收率	经营活动现金净流量/资产总额
	营业利润现金含量	销售商品提供劳务收到的现金/营业利润
发展能力	总资产周转率	本年总资产增长数/期初总资产
	资本积累率	本年股东权益增长额/上年年末股东权益
	营业收入增长额	本年营业收入增长额/上年年末营业收入
	净利润增长率	本年净利润增长额/上年年末净利润

表 4-2 现金指标及其他非财务预警指标

指标类型	指标名称	计算公式
经营维度指标	经营现金比率	经营活动现金净流入量/流动负债
	销售收入增长率	（本年销售收入-上一年销售收入）/上一年销售收入
投资维度指标	总资产增长率	（本年年末总资产-上一年年末总资产）/上一年年末总资产
	现金再投资比	经营现金流量/资本性支出
	长期资产回报率	利前税后经营利润/长期资产
筹资维度指标	权益乘数	资产总额/股东权益总额
	固定支出偿付倍数	（税前利润+固定支出）/固定支出
	现金利息保障倍数	经营现金净流量/利息费用
研发能力指标	资本化比率	当期计入资产的金额/当期总收入
	费用化比率	当期计入损益的金额/当期总收入

续表 4-2

指标类型	指标名称	计算公式
资源转换生产力资产回报指标	总资产净现率	（经营活动所产生现金净流量+分得股利或利润所收到现金+利息收入）/平均总资产
人员报酬指标	人均报酬	职工薪酬总额/员工人数
公司治理指标	第一大股东持股比例	第一大股东持股/总股数
	CR-10 指标	公司前 10 位大股东持股比例之和
	Z 指数	公司第一大股东和第二大股东持股比例的比值
	Herfindahl-10	公司前 10 位大股东持股比例的平方和
	董事会规模	董事会人数
	监事会规模	监事会人数

4.1.3　对比评价

在规避和控制矿业投资风险的同时，也意味着可能放弃了许多原本是经济合理的投资机会。因此，对于投资额很大的矿山工程而言，仅采用一些主观的方法来考虑风险是不能令人满意的。为了尽可能规避风险分析中的任意性，地质、采矿工作者从工程经济中引进一些定量或半定量的风险分析方法，或建立一些财务和非财务风险预警指标体系，这些方法或体系对控制风险发挥了重要作用。但风险控制定性管理通常是带有较强主观性和滞后性的，而定量分析财务预警控制方法都是直接或间接地依赖线性函数来建立模型，对复杂的实际数据进行拟合的难度较大，因此对财务流转系统的非线性、复杂性、动态性、时滞性问题无法进行切实有效的解决，不能在数据缺乏或不完备的条件下进行研究，且不能对未来政策进行有效的分析。

有色金属矿山企业在管理现金时较少进行定量分析，目前的主要目标是保证资金的安全，及时了解现金的结余情况，确保开采、生产和销售活动的正常进行，而对于如何运用定量分析的方法分析矿山企业现金流入和流出情况，确定最佳的现金余额；如何进行准确的财务预警，防范财务风险，从现金流转、财务指标等角度进行预警控制分析则思考不够，缺乏深度与广度。

本书将按照系统科学以及系统工程的观点，应用系统动力学仿真方法把有色金属矿山企业经营、投资、筹资活动各财务风险管理作为一个有内在联系的系统来研究，并以其中的子系统及其要素之间的相互关系为框架，对矿山企业可持续发展中的各种主要因素的相互关系加以提炼和精简，找出其发展中的限制和增长因素。在合理地调整组合政策性参数的基础上，对多种发展模式进行仿真模拟，探寻矿山企业可持续发展的最佳模式，为企业高层管理者决策提供参考依据。本书围绕有色金属矿山财务运作过程分析矿山企业存在风险源的活动，将矿山企业各个活动及其影响因素有机串联起来，以便从源头预警，控制好风险。

4.2 系统动力学概述

4.2.1 系统动力学（system dynamics，SD）内涵

系统动力学（SD）是由美国麻省理工学院史隆管理学院教授 Jay W. Forrester 在研究了社会系统复杂性，总结传统的管理方法之后创立的新方法。它能够研究社会大系统、处理复杂性、非线性问题的分析方法，它的两大精髓分别是信息反馈原理和因果关系逻辑分析。该方法把二者有效结合起来，从研究系统的内部结构入手，建立系统的动态仿真模型，并对模型实施各种不同的政策方案，通过计算机模拟，寻求解决问题的正确途径，从而得到有效的结论。这一过程实质上是寻找最优方案的过程，可用来寻求系统的较优结构与参数，以获取较优的系统功能。因此，人们把系统动力学称为“战略与策略实验室”。系统动力学是结合自然科学与社会科学的交叉学科，强调整体、联系、发展的观点。该学科能够清楚表达系统内部因素的相互关系，对系统的发展及其趋势进行考察，擅长处理高阶次、非线性、多重反馈时变量系统的问题，是研究动态复杂系统的一种有效方法。它能对系统进行结构、功能和演化的动态模拟，通过对系统设定各种控制因素，以观察系统在不同条件下所表现的行为和趋势[8]。

系统动力学将系统、动态和反馈三个关键点结合起来进行定性分析，强调系统的结构及系统的功能。为了使定性问题更加清晰易懂，设计一整套针对问题进行定性分析的图形符号系统，绘制与该系统匹配的因果关系图和流程图，这样使得一些复杂的问题通过图标显示后变得更加清晰完整、令人信服。因此，人们就可以先对问题进行定性分析，之后在因果关系图、流程图和有关的数据、参数的基础上，利用计算机编制出相应的程序，通过添加选择的政策变量，可以进行计算机模拟实验，得出随时间变化的定量的结果。

4.2.2 系统动力学的产生与发展[9,10]

4.2.2.1 系统动力学的产生

系统动力学由美国麻省理工学院的福雷斯特（Jay W. Forrester）教授始创于20世纪50年代，并在20世纪50年代末成为一门独立完整的学科。福雷斯特于1961年撰写的《工业动力学》（Industrial Dynamics）是本学科的经典著作，它阐明了系统动力学的原理与典型应用，1966年书名又改为《系统动力学》，从而正

式命名了"系统动力学"这一名称。

4.2.2.2 系统动力学的发展

20 世纪 50 年代末期，在管理决策的研究领域内就已经出现将控制论，尤其是反馈控制论应用于企业系统的研究，该研究开创性地把经营管理中市场、生产、核算、研究、投资等功能领域结合成一个整体，并且把组织结构与公司总方针同工业的增长与稳定性联系起来。

20 世纪 60 年代是系统动力学成长的重要时期，它被推广应用于众多领域，比如宏微观经济领域、生态环境领域、社会文化领域、医学及生物学、心理学和组织理论等。这期间，一批代表这一阶段理论与应用研究成果水平的论著问世，如《系统学原理》《城市动力学》《世界动力学》《社会系统的反直观行为》等。另外，一些研究者还提出和改进了专门用于系统动力学模拟的计算机语言——DYNAMO（dynamics 和 model 两个词的缩写）。

1970 年左右，系统动力学进入蓬勃的发展时期，呈现出欣欣向荣的态势。1972 年，由罗马俱乐部组成的世界性研究组织发表了著名的《增长的极限》的研究报告，用系统动力学建立起一个世界模型，研究世界范围的人口、资源、工农业和环境污染诸因素的相互关系以及可能产生的后果。20 世纪 70 年代末，中国的一些学者，如上海的王其藩教授、浙江的许庆瑞教授以及上海的杨通谊先生等纷纷将系统动力学引入国内，并将其应用到国民经济管理的各个领域，提出了独到见解并做出了巨大贡献。而后，许多其他中国学者对系统动力学方法进行了广泛研究及应用。

20 世纪 80 年代，系统动力学进入飞跃式发展，达到了成熟阶段。系统动力学的理论研究趋向建模、分析和模型确认方面的理论和方法，构建系统动力学方法和 DYNAMO 语言决策支持系统，实现多种计算机程序语言兼容和交换数据的功能。系统动力学的应用领域更加广泛，除了之前的应用领域，现已拓展到一些新领域，如公共管理和公共政策、社团规划和政策设计、自然科学和社会科学领域的理论发展等。

4.2.3 系统动力学综述

4.2.3.1 国外的研究现状

自 20 世纪 70 年代以来，随着对大规模社会经济系统研究的扩展和深化，系统动力学在自身的理论和应用研究方面都取得了飞跃性的进展和丰硕的研究成果，在 80 年代进入了比较成熟的阶段。以下是几个相对较典型的描述系统动力学应用的模型。

1961年，Jay W. Forrester在他的经典著作《工业动力学》（《Industrial Dynamics》）中通过一个著名的案例，详细阐述了电子零件工业方面的企业系统动力学模型，这被看成是最早的企业通用模型。从那以后，系统动力学在企业的研究与应用便开始蓬勃发展，经久不衰[8]。1968年，Jay W. Forrester教授又构建了一个库存模型，用来解释交货延迟（dilivery delay）和生命周期之间的关系（production cycle）[11]。1980年，J. M. Lyneis构建了一个包括公司整个运作流程的模型[12]。2009年，Chiarella C，Dieci R，He X等学者创建了市场模型，探索了市场的动态结构以及它对价格的影响作用机理，阐明了怎样影响市场的状态及稳定性[13]。

4.2.3.2 国内的研究现状

系统动力学在20世纪80年代初期才引进我国，相对来说，它在国内的发展起步比较晚，近几年国内学者研究系统动力学的领域多集中在预测、管理、优化控制和风险识别等方面。近几年的研究应用领域见表4-3。目前，复旦大学的王其藩、南昌大学的贾仁安等在国内系统动力学的研究方面做出了相当大的贡献。

表4-3 系统动力学研究方向及应用领域

研究方向	应用领域
预测	海洋、湖泊、土地、水资源、城市、农村、能源
	人口数量、客流量、粮食需求
	电力价格与需求、风险预警、生命周期
	石油价格与需求、海外并购价格、住宅市场价格
管理	企业管理各个方面，如财务管理、供应链管理、物流管理、库存、采购、人力资源管理、投资决策管理、安全管理、经营仿真、文化整合
优化控制	物流成本控制、采购控制
	资源利用、经济、人口、经济、资源可协调发展、产业集群
	交通规划、轨道车辆、节能减排、土地整治
风险识别	企业现金流、财务预警、资源配置、突发事件、创新能力
	策略构想、项目风险管理、生态承载
	可持续发展（竞技体育、生态旅游）、天然气供需安全、建筑安全、食品安全

系统动力学在财务中的应用研究主要有：何祖玉等人（2003）利于基于遗传算法的系统动力学方法构建系统动态仿真模型进行研究，并选用中小企业信用担保机构进行实证分析[14]。宁凌（2002）结合企业现金流转问题的基本特征，运

用系统动力学方法针对一个特定民营企业建立了企业现金流转的系统动力学模型进行分析[15]。谢林海（2006）结合企业财务预测各子系统，运用系统动力学方法构建相关财务预测系统动力学模型，针对一个具体企业运用该模型进行实例分析，并运用模拟软件 Vensim 对财务预测系统作了模拟分析和政策研究[16]。周杭（2006）针对企业集团资金管理系统的各子系统运用系统动力学的基本原理和方法进行了研究，将集团资金管理这个复杂系统通过建立系统动力学仿真模型，用模型中的流图来反映其复杂的关系，并通过软件进行数据模拟从而反映客观实际[17]。刘贻玲（2007）结合我国高等学校现金流入和流出的特征，并对现金流入流出要素之间的因果关系运用系统动力学的方法进行系统思考，建立了高校的现金流量预测模型，同时借助于系统动力学的软件 Vensim 对高校的现金流管理进行参数模拟运行，并结合某一高校进行了实证分析[18]。谢英亮、谢林海（2008）等学者在《系统动力学在财务管理中的应用》一书中，详细阐述了系统动力学在企业财务管理中的应用，研究成果涵盖的内容包括系统动力学及 Vensim 简介、企业财务预测动态仿真模型、基于 EVA 和 ABB 的全面预算动态仿真模型、高校现金流仿真模型等[19]。徐海霞（2009）用系统动力学研究项目的投融资决策[20]。谢英亮、刘贻玲（2010）将系统动力学方法应用于高校现金流管理中，对高校现金的循环运转进行综合考查，对影响现金循环的各个因素通过现金流预测模型进行即时分析，从而达到对现金流量的实时控制，以合理地安排资金，及时有效地防范资金周转所带来的潜在风险[21]。谢英亮、刘贻玲（2010）运用系统动力学的反馈动态性复杂分析原理，结合系统动力学仿真技术，对影响高校现金流系统的各个因素建立模型并进行模拟，即时分析，以达到维持资金使用平衡、使用效率，防范财务风险的目的[22]。谭冰雁（2010）将系统动力学运用于项目运营管理的研究，针对项目运营的现金流量状况，结合净现值指标判断项目可行性，可使得投资项目财务评价更具动态性、全面性[23]。张友棠、黄阳（2011）深入探索了将仿真技术植入到财务预警与风险控制两者中，即利用系统动力学原理构建企业财务预警控制模型，将行业环境风险与企业财务风险的互动关系在一张“风险地图”中直观地演绎出来，在行业环境风险识别的企业财务预警控制机理的基础上，分析了行业环境风险的识别方法[24]。刘秦南、王艳伟等（2017）提出了基于系统动力学分析 PPP 项目运营风险演化的动态分析方法，识别 PPP 项目运营风险因素并建立运营风险系统存量图，构建 PPP 项目运营风险演化的系统动力学模型，依据熵值法确定变量间的函数关系，通过仿真模拟分析了 PPP 项目在运营阶段各个风险指标熵值的变化趋势[25]。

系统动力学在矿山企业方面的应用研究成果有：冯锡文（1999）利用矿井生产能力的主要因素构建因果关系反馈环及系统流图，编制了预测矿井生产能力的系统动力学模型[26]。邓国春（2008）利用系统动力学原理，探讨矿区生态环境系统各要素之间的关系，通过不同的变数与情境对矿区生态环境进行仿真模拟，观察其结果的变化，以便准确、全面地反映一个矿区生态环境状况，及时暴露存在的问题，为矿山政策和矿山生产经营提供矿业开发模式的决策依据[27]。刘勤兰（2009）利用系统动力学的系统论思路，将系统动力学方法应用于有色金属矿山企业的运营研究中，整个系统的划分与有色金属矿山企业的运营特征相结合，利用各系统各种变量之间的相关性将各系统联系起来。有色金属矿山运营系统可分为以下七个子系统：储量子系统、环境子系统、人力资源子系统、资产负债子系统、现金流量子系统、收入成本子系统、固定资产子系统[28]。程平平(2012）基于系统动力学原理建立模型，对民间资本投入中小型露采矿山整治的可行性以及投入模式进行了分析与探讨[29]。黄健柏、陈芳、邵留国（2012）结合有色金属价格波动的研究现状，分析了有色金属价格波动预测预警系统的需求，对有色金属价格波动预测预警系统进行了全面分析，总结了金属品种划分子系统的理念，并对有色金属价格波动预测预警系统提出了系统的整体架构思路，同时展望了系统未来拓展的方向[30]。荣岩岩（2014）对有色金属矿山企业的现金流管理系统的特点和影响因素进行了详细的分析，构建了各子系统动力学模型，并以某铜金属矿山企业为例，利用系统动力学仿真软件 Vensim 进行仿真分析，提出政策建议[31]。周梦（2017）等采用系统动力学方法（SD）构建了矿用辅助材料总成本的 SD 模型，通过对矿用辅助材料成本模型进行动态分析，以达到降低矿用辅助材料成本，提高矿山经济效益的目的[32]。

由以上研究可以得到如下启发：（1）可通过建立系统动力学模型进行仿真分析，为决策者提供可靠的预测，为以后的管理工作打下良好的基础。（2）系统动力学方法体现了系统思维、整体思考的理念，与时代的要求相符合，把它运用到矿山企业财务上对加强矿山企业财务管理具有重大指导意义。（3）以上学者是将系统动力学方法运用在普通的行业企业财务管理上，或是运用在矿山企业运营管理基础上，通过此方法得出了一些有益的指导性建议，所以笔者想将其运用到矿山企业财务管理上，力图在这方面有所创新，探讨该方法在矿山企业财务风险控制方面的可行性，并提出一些切实可行的建议方法以促进矿山企业财务管理目标的实现。

4.2.4 系统动力学的理论基础

系统动力学是一门分析研究信息反馈系统的学科，是一门交叉、综合性地探索如何认识和解决系统问题的学科，是一门分析研究社会、经济、生态和生物等一类复杂大系统及其复合系统的学科，其哲学观之核心是唯物系统辩证观。系统动力学认为，系统的行为模式与特性主要取决于其内部的动态结构与反馈机制，运用系统动力学对系统进行研究与建模的前提条件是系统必须是远离平衡的、有序的耗散结构，该条件在耗散结构理论与非平衡系统自组织理论尚未出现之前就已被不加证明地使用着。社会、经济生态系统都是具有自组织耗散结构性质的开放系统，系统动力学认为，客观世界的系统都是开放系统内部组成部分之间相互作用形成的一定的动态结构，并在内外动力的作用下按照一定的规律发展演化，完全孤立以及与外界绝对隔绝的系统是不存在的，然而在特定的时空条件下，可以把某些系统近似地简化为封闭系统来加以研究。

4.2.4.1　系统理论

系统理论是关于系统及其演化规律的知识体系。系统理论将世界视为系统与系统集合，认为研究世界的任何部分就是研究相应的系统及与环境的关系。系统理论的基本观点主要有：（1）整体性，即整体大于它的各部分的总和，整体的性质不是其组成部分的性质的叠加。（2）相关性，即系统、要素、环境都是相互联系、相互作用、相互依存的。（3）结构性，认为系统的结构是保持其整体性并具有功能的基础。（4）层次性，即系统由一定的要素组成，这些要素又是由更小一层要素组成的系统，系统的层次越高，结构和功能越复杂。（5）动态性，即系统具有孕育、产生、发展、衰退、消亡的过程，任何系统都是作为过程而展开的动态系统，具有时间性程序。（6）目的性，即系统在和环境发生作用时，会通过反馈来不断调整自己的行为，使之趋向一定目标。

4.2.4.2　信息反馈理论

系统动力学通过分析系统行为的因果关系和反馈机制了解系统的变化。系统动力学认为，系统内部或环境的任何变化（包括社会的某种决策）都会引起状态的改变，状态的改变又会引起进一步的变化，这样就形成了基于因果关系的反馈回路，构成信息反馈系统。因此，系统动力学通过运用信息反馈理论达到了解和控制系统行为的目的。信息反馈理论是“三论”（信息论、控制论和系统论）中的一条重要原理。它认为任何系统只有通过反馈信息，才能实现控制。系统动力学的因果反馈分析就是研究系统及其组成部分之间的关系，研究系统的反馈结构，进而分析系统中的因果关系与反馈回路，形成因果关系图。通常因果关系是用一个箭头表示的。例如，对系统中的两个要素 A 和 B，图 4-1 表示了这两个要素间的因果关系，A 是原因，B 是结果。这种有箭头的线条称为因果关系键。如果 A 增 B 也增，则称 A、B 间具有正因果关系，并用“+”标在因果键旁边，如图 4-1（a）所示。同理，图 4-1（b）表示的是负因果关系，该键称为负因果键，说明 A、B 变化相反，A 增 B 减，负因果键用“-”标出。

多个因果链以同向封闭的形式连接起来就组成了因果关系回路，如图 4-2（a）所示，回路的极性取决于组成回路的各因果链中负向因果链的个数。若回路中所含负向因果链的个数为偶数，则回路极性为正（+）；若回路中所含负向因果链的个数为奇数，则回路极性为负（-）。图 4-2（b）所示的是正反馈环，图 4-2（c）所示的是负反馈环。

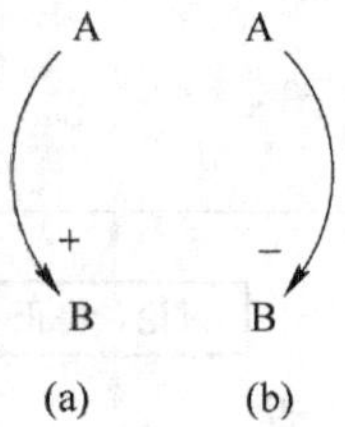

图 4-1 因果键

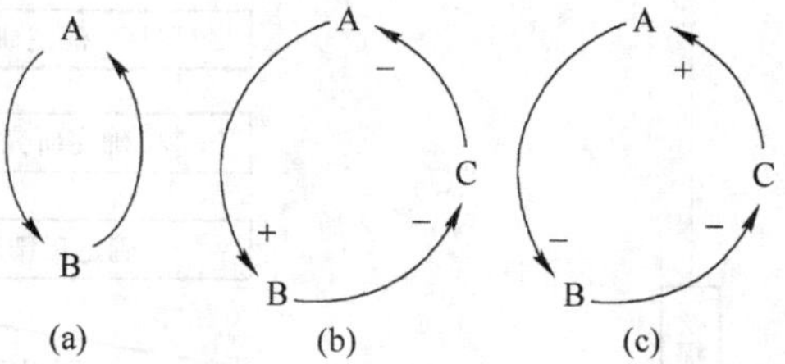

图 4-2 反馈环

4.2.5 系统动力学建模

4.2.5.1 系统动力学建模的步骤

系统动力学建立程序的基本步骤如图 4-3[8,18]所示。

（1）明确目的。即充分认识模型所要研究和解决的问题。

（2）系统边界的界定。即确定需要研究问题的大致内容，系统内部应包括所有对系统特性有重大影响的因素，而在边界外与系统有联系的部分便是系统的环境。

（3）系统结构分析。即研究系统及其组成部分之间的关系，研究系统的反馈结构，分析系统与要素的关系，搞清系统中的因果关系与反馈回路，形成因果关系图。

（4）建立系统动力学模型。即运用系统动力学专业语言演绎每个变量之间的相互作用关系，建立相应的数学方程组，利用趋势外推法、线性回归法和参数估计法等确定模型的参数值，构建系统动力学流图。

（5）模型应用。即运用模型进行模拟，保证模型的真实性与可信度。通过对结果的分析，发现系统结构的缺陷与不足，确定是否需对模型进行必要的修正，再进行模拟测试，直到达到预期的结果为止，最后，再进行政策分析并提出合理建议。

4.2.5.2 系统动力学变量指标确定的原则

（1）系统性原则。在筛选因子关系指标时应尽量系统、全面地选择各级各类指标，系统地揭示、描述和反映所研究的系统的整体性、层次性、复杂性等特性，对系统结构进行灵活、正确的分解与综合。比如本书中选择的矿山企业财务

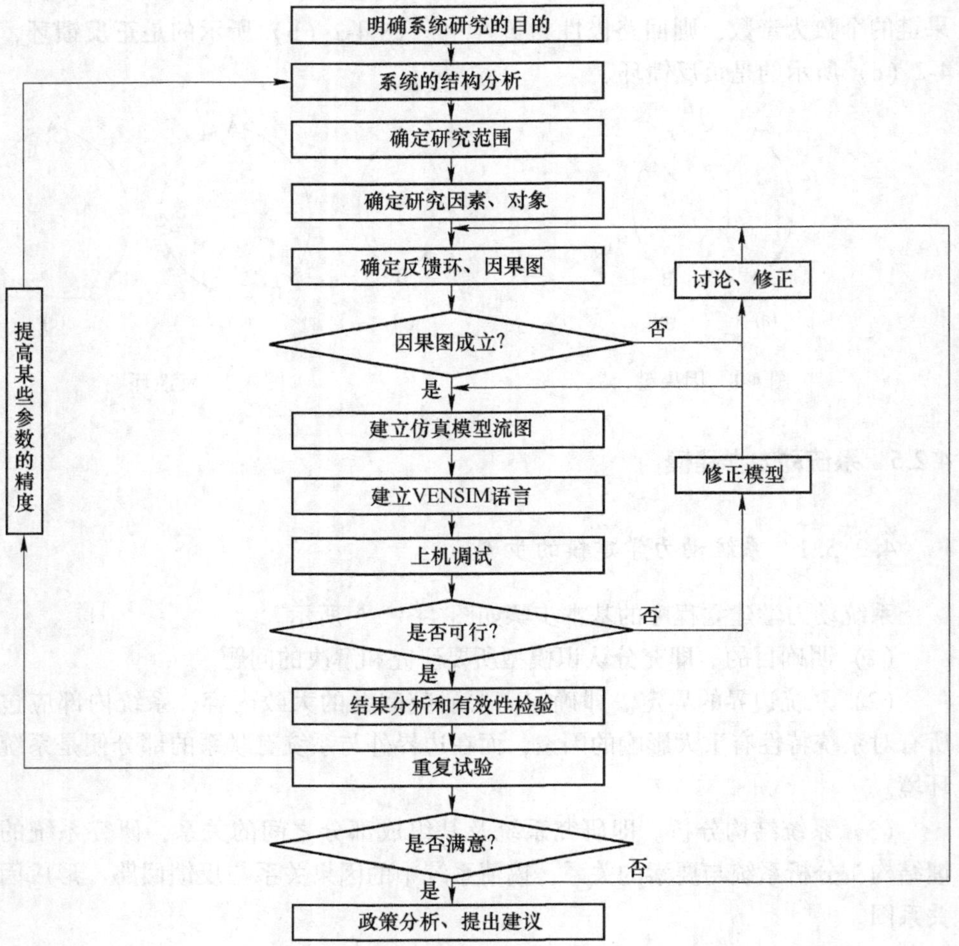

图 4-3 系统动力学模型设计

风险管理系统，需要针对矿山企业财务风险的整体情况，对矿山企业财务风险尽可能做出客观科学评价，在建模的构思、模拟与测试过程中整体把握分析。

(2) 科学性原则。各个财务风险量化指标的定义应清晰，指标之间应相互有关联性、因果反馈性、相互补充、避免重叠。建模应集中于问题与矛盾，全过程要面向客观系统所要解决的矛盾与问题，诸方面相互制约、相互影响所形成的反馈动态发展过程。

(3) 可比性原则。在决定系统因子评价指标和评价标准时，应充分斟酌时空变更所带来的影响，从而确保每项指标的可比性。

(4) 可行性原则。要求所选指标应便于统计与分析，前期需要对所选指标进行评估考量，为财务风险评价打下良好基础。

（5）可测性原则。应考虑指标数据取得的可靠性和难易程度，需要对系统变量指标进行定性与定量分析，尤其将一些重要定性指标进行定量转换。

（6）适用性原则。指所选反馈因子体系指标应突出重点且计算方便，充分利用现有的、公认的统计指标。构建模型是实际系统的“实验室”，是真实系统的简化与代表。

（7）目标导向原则。建立的因果反馈指标体系，一方面应便于测量矿山企业财务各活动的风险大小，另一方面评价结论应能为矿山企业财务运营管理提供辅助决策依据。

4.2.6 系统动力学仿真软件——VensimPLE[8,10,18,19]

VensimPLE（ventana simulation environment personal learning edition）即 Ventana 系统动力学模拟环境个人学习版。VensimPLE 是 Vensim 软件的一种，可以更方便地学习系统动力学。现有的企业财务管理软件一般只有输入、输出、查询及数据导出功能，而系统动力学建模软件 VensimPLE 是一个可视化的建模工具，具有利用因果关系、流位和流率图建立模拟模型的功能。

4.2.6.1 VensimPLE 软件的特点

（1）采用图形化的编程模型。从主要的 Vensim 窗口系统进行操作，根据操作按钮图的简化流率基本入树图，接着进入方程及参数，它可以直接进行模拟。在 Windows 操作系统下运行此软件，操作步骤十分简单，输出的信息也很丰富，兼容性较强，除了能够将仿真结果进行实时显示外，Vensim 还提供了保存到输出文件和复制到剪贴板的方法，可采用图形化的编程模型进行相应操作。

（2）Vensim 能提供模型数据集的分析方法和结构分析方法。数据集的分析包括变量随着时间变化的数据值和曲线图型。结构分析包括故障树分析、结果树分析及因果反馈图的分析。

（3）提供真实性验证。根据生活常识和一些基本的经济生活原则，检验模型的真实性，并不断调整模型的结构和参数，使模型不断优化。

4.2.6.2 VensimPLE 软件的相关概念及使用

下面根据一般数量简化模型因果图分析系统动力学模型的流位流率图，熟悉系统软件的相关概念及具体用途。

A 时间步长

系统动力学的概念里，将离散的时间之间的间隔称为“模拟时间步长（time step）”。其实系统动力学的研究基础就是对“模拟步长”两个时间端点的情况加以研究。

从理论上讲，只要时间步长充分小，就可以使离散计算结果与连续解的差别小到任意期望值。系统动力学里也有“基本时间单位”的概念。“基本时间单位”是用户自行进行指定的，有年、月和日，也可以是用户指定的此三种以外的时间段。它主要的作用就是帮助用户理解时间单位和构建系统。

单击菜单【File/New Model】，打开【Model Setting】窗口，设置FINAL TIME =5 Units：Month，INITAL TIME = 0 Units：Month SAVEPER = TIME STEP，TIME STEP=1 Units：Month [0,?]，单击【OK】按钮，如图4-4所示。

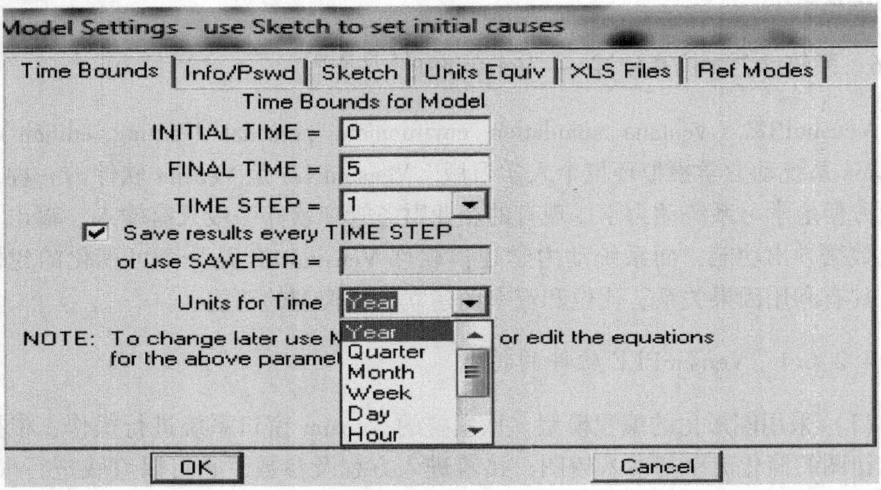

图4-4 时间步长图

B 物质链与物质流图

物质链是指系统中流动的实体，连续状态变量是不使状态值变化的守恒流。物质流由流位、流率这两个变量一同组成，反映物质在系统里面的传递过程，如图4-4所示的即是物质流模型图。流位变量用于存储物质，在每个时刻该变量都有一个值，表示该变量所存储的物质的值。流位变量也有个值叫做状态值，表示状态变量。流率变量表示物质流入、流出流位变量的速度，反映的内容是状态值的变化速度。

状态变量的流图如图4-5所示。

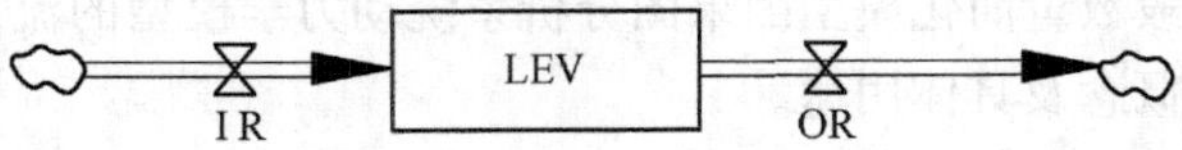

图4-5 物质流模型图

单击绘图【Box Variable-Level】按钮，然后在绘图区（Sketch Drawing Area）单击，输入流位变量名[level]。

单击绘图【Rate】按钮，然后在绘图区（Sketch Drawing Area）单击，输入流率变量名［IN］、［ON］。

C 信息流

信息流反映的是信息的传递，如图 4-6 所示。

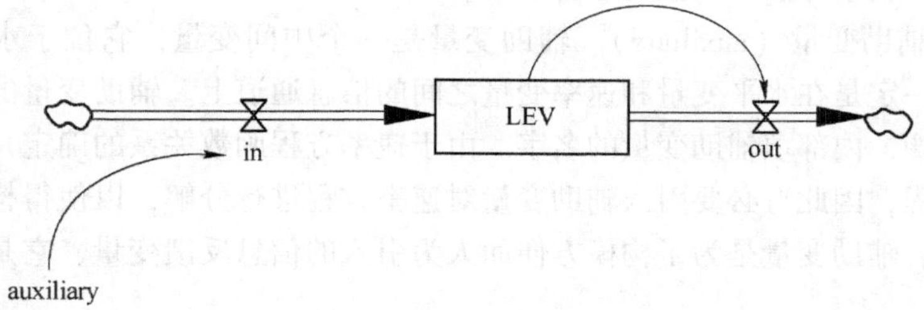

图 4-6 信息流模型图

单击绘图【Arrow】按钮，在［LEV］变量上单击，然后在［OUT］变量上单击，将［LEV］、［OUT］变量连续起来，表明［LEV］对［OUT］的因果关系，用同样的方法可以将其他变量的因果关系连接起来。

D 因果反馈性

系统动力学的特征就是事物间具有因果反馈性，因果反馈回路有三种类型，分别是简单的、正反馈及负反馈，一般图示由三个部分组成：因果关系、因果键、反馈回路。如图 4-1、图 4-2 所示。

E 变量

系统动力学有下列几种常用的变量：

（1）流位变量（level）。流位变量又叫做状态变量，它可以对系统的状态进行描述，状态变量可以对变量的时间累计过程进行反映。所以，在系统中可以观察水平变量在任何时间瞬时的取值，它的取值仅仅受速率变量的影响而改变。状态变量的流图符号是一个方框，方框内填写状态变量的名字。显然，能够对状态变量的变化产生影响的只能是速率变量。状态方程可根据有关基本定理来建立，如连续性原理、能量质量守恒原理等。状态方程有三种最基本的表达方式：微分方程表达、差分方程表达和积分方程表达。在一定的条件下，这三种表达式可以互相转化。

（2）流率变量（rate）。流率变量描述流位变量的时间变化，它又可称为决策变量。在数学意义上，流率变量类似于导数的概念，所以它不能进行瞬时观察。在系统中，我们只能观察到流率变量在特定时间段内的一个平均值。速率变量的流图符号像一个阀门，速率变量控制着状态变量的变化，速率方程规定了这种控制的方式和强度。速率方程的构成比较灵活，没有固定的形式。一般说来，速率方程可以是状态变量、辅助变量、外生变量等的代数组合。但是应该特别注意的是，状态变量对速率变量的作用关系不是通过物质的直接转移实现的，而是通过状态变量变化的信息传递来实现的。确定速率方程的函数关系在系统动力学构模过程中是相当关键的一环，需要经过理论分析、逻辑判断、历史经验参考，再结合各种技术方法上的技巧综合求得。

(3) 辅助变量（auxiliary）。辅助变量是一个中间变量，它位于水平和速率之间，它一定是在水平变量和速率变量之间的信息通道上。辅助变量的流图符号是一个圆圈，内部填辅助变量的名字。由于速率方程函数关系的确定是一个比较困难的过程，因此有必要引入辅助变量对速率方程进行分解，以使得构模的思路更加清晰。辅助变量是为了构模方便而人为引入的信息反馈变量，它是状态变量的函数。

(4) 常量（constant）。常量是指在所考虑的时间范围内变化极其微小或者是相对不变化的系统参数。

水平、速率、辅助变量和常量又可以叫做内生变量，外生变量制约着内生变量，且不受内生变量制约的变量。

F 模型和方程的建立

建立一个方程的过程就是把模型结构“翻译”成数学方程式的过程，把一个非正规的、概念的构思转变成一个定量的数学表达式，即规范模型。建立方程的目的在于使模型能用计算机进行模拟（或得到解析解），用研究模型假设里隐含的动力学特性，寻求解决问题的方法与对策。

单击绘图【Equations】按钮，然后在绘图区（Sketch Drawing Area）单击变量名，在弹出的对话框中输入相关的方程和参数。

G 获取简化模型的方程和参数

在设置所有方程和参数后，单击分析工具【Document】Doc按钮，可以得到如下简化模型的方程和参数：

FINAL TIME = 5 Units：Month；

INITAL TIME = 0 Units：Month；

SAVEPER = TIME STEP Units：Month [0,?]；

TIME STEP = 1 Units：Month [0,?]；

LEV = INTEG（in-out，Initial Value）Units：单位符合

H 模型检验

系统动力学模型的确认主要包括对模型的适用性，模型的结构、变量、参数和模型的输出特性等几个方面进行检验。检验的方法有直观检验、运行检验和灵敏度分析。直观检验主要通过对资料的进一步分析，检验模型是否与系统的内部

机制相一致，因果分析是否合理，对每个元素、变量是否有正确的定义，模型方程表述是否合理、量纲是否一致；运行检验是通过构建的模型，结合企业实际输入相关参数值，将仿真模拟出来的结果与实际进行对比分析；灵敏性分析是研究不确定性因素对项目经济效果的影响程度，具体地说，它是研究各种经济变量发生变化时各种决策指标的变化程度。灵敏性分析的目的是要从这些不确定因素中，找出特别敏感的因素，以便提出相应的控制对策，供决策时参考。

4.3 系统动力学应用在有色金属矿山企业财务风险预警中的可行性

对企业的财务风险预警控制需要以系统动力学为方法论的主要理由为：

（1）系统动力学的模型建构方法可以使用在更复杂的结构里，通过变量与转换变量的表示，就能够清楚明白地展现真实系统变量间环环相扣的因果关系。将该模型在财务预警上进行使用能清楚表达会计科目之间的关系，呈现财务状况的真实性。

（2）这一系统可以对数据不足的一些问题进行研究。建模过程中经常会遇到数据不足或某些数据难以量化表达的问题，遇到这种情况，系统动力学就可以利用各要素之间的因果关系和有限的数据来进行推演和分析。

（3）系统动力学观察系统的运作过程是使用的速率变量流动的观点，从而让研究者能够看到真实事物的一个缩影，它能够打破系统的界线，并且缓解子系统之间的冲突，对不利于整体利益的目标进行相应处理。比如企业财务预警的最终目的，就是在了解企业财务报表及相关经营资料的分析后，将企业已面临的危险情况提前告知企业的经营者和其他企业的利益关系人，并分析财务危机发生的原因和这一个运营体系中尚未被发现和解决的问题，以提前做好对财务风险的防范措施。

（4）对企业做出的财务预测和规划是建立在企业持续经营的假设基础上，系统动力学已在高阶和长期的策略研究上有着十分广泛的应用，适合建构动态模型，模拟一个企业的长期财务状况和未来可能的财务发展方向。

本书结合系统动力学的特点以及系统动力学在财务预警中的适用性和可操作性等优势，尝试以系统动力学为工具研究有色金属矿山企业财务预警控制问题，力图在方法上有所创新。当前，有色金属矿山企业财务运营风险系统不仅有很多的构成因素，而且在不同的元素之间具有复杂的相互依存关系（其中多数是非线性关系），同时，它们的依存关系还会随时间发生一些改变。现金以反馈环节为基础开始运行，并且在现金的流转过程也会有多重反馈环，所以财务运营风险流转结构十分复杂，这一行为通常也表现出反直观性。财务运营风险流转系统的原因和结果会存在着较大的时间延迟，在空间上也通常是分离的。具体有以下几个特征：

(1) 在有色金属矿山企业的整个经营过程中，各种要素之间不可否认存在相互制约但又依赖的关系，并且各个子系统之间有多重反馈的结构，所以在其经营过程中，当某一要素发生量变就会引起整个运营过程整体的变化。因此通过系统动力学方法对此类企业经营的各大要素之间的因果反馈进行分析研究，对不可控的因素做出因果反馈分析，可以更好地帮助管理者进行方案选择。

(2) 根据矿产品历史价格资料，运用线性或非线性拟合方法建立相关模型对未来几年矿产品市场价格进行预测。从长远来看，矿产品价格不断上下波动，受市场供求关系的影响，不确定因素较多而且影响复杂，因此利用线性回归模型预测以后几年矿产品的市场价格，可能导致预测结果产生较大偏差，甚至不准确。而根据某时间段矿产品的市场价格及数据变化规律，运用非线性模型进行预测往往会更加准确。

(3) 有色金属矿山企业的财务控制系统通常是一个非线性的系统，复杂多变、难以预测，采用常见的数学方法很难对其财务风险作出精准、可靠的数据分析，结果也就很难让人信服。只有通过对其有相互制约、相互影响的各大要素之间的因果关系进行具体的分析，才能对这一类企业的模拟经营起到一定程度上的指导作用。

(4) 矿山企业的财务模拟系统能够在不同的要素、变量之间保持一种长时间的制约关系。通常对模拟中的一些关键环节，从开始直到运营结束，这种关系都有着很大的影响。

(5) 企业进行财务模拟经营的过程就是财务和其他经营管理过程之间进行信息的传递与反馈的一个控制过程。对于企业而言，模拟这类时刻会发生变化的动态系统，通过对子系统模块的因果反馈关系的深入分析与研究，了解各大要素之间的关系以及互相影响的程度，从而使资金在模拟经营的时候能够更符合实际需求，做出一个正确的、能与模拟规律相符合的管理决策。

系统动力学是研究经济社会问题的“战略与决策实验室”。矿山项目财务风险评价是在一个系统范围内进行的综合财务分析与评价。应用系统动力学方法进行建设投资项目财务风险评价，可以分析各种因素之间的相互影响、相互作用，从而找出影响矿山投资项目财务风险预警的关键因素，优选出切实可行的投融资方案。

本章小结

本章详细介绍了系统动力学的发展过程、基本理论和 Vensim 软件的简单介绍，讲述了将系统动力学与矿山企业财务风险进行结合讨论的内容。利用建立系统动力学模型的方法进行矿山企业财务的风险预判和警示，可以有效地为企业管理人员提供科学的判断依据来提升风险控制水平。将系统动力学的特点和其在财务预警中的适用范围广与操作简单等优势相融合，尝试用系统动力学作为研究有色金属矿山企业的财务预警控制问题的有效工具，努力在方法上进行创新。

参 考 文 献

[1] 赵春艳．有色金属行业财务管理策略探究［J］．财经界（学术版），2012（8）：235.
[2] 苏红梅．探讨企业财务风险控制的方法［J］．中国商贸，2014（8）：130～131.
[3] 李翠微．如何加强有色金属加工企业财务风险管理［J］．财经界，2014（2）：178～180.
[4] 李创，王丽萍．矿业经济学［M］．北京：北京大学出版社，2014.
[5] 徐欣．引入公司治理指标的企业财务预警对比研究——以制造业为例［J］．财会通讯，2018（2）：105～107.
[6] 李琼，段铭．供给侧结构性改革视角下企业财务预警指标体系构建［J］．会计之友，2019（8）：105～107.
[7] 毛天棋．基于行业视阈的企业财务风险三维预警指数构建［J］．财会通讯，2018（23）：112～115.
[8] 王其藩．高级系统动力学［M］．北京：清华大学出版社，1995.
[9] 殷克东．经济管理系统分析技术方法论［M］．北京：经济科学出版社，2009.
[10] 谢英亮，等．系统动力学在建设项目财务评价中的应用［M］．北京：冶金工业出版社，2010.
[11] Forrester J W. Principles of Systems［M］. Cambridge MA：Productivity Press，1968.
[12] Lyneis J M，Glucksman M A. Market Analysis and Forecasting as a Strategic Business Tool［M］. Computer-Based Management of Complex Systems，1989.
[13] Chiarella C，Dieci R，He X. Heterogeneity，Market Mechanisms，and Asset Price Dynamics［J］. Research Paper，2009：277～344.
[14] 何祖玉，韩玉启，王华伟．中小企业信用担保机构系统动态仿真模型研究［J］．运筹与管理，2003（6）：106～109.
[15] 宁凌．企业现金流转系统动态仿真研究［J］．当代经济科学，2002，24（2）：85～96.
[16] 谢林海．基于系统动力学的企业财务预测模型研究与应用［D］．赣州：江西理工大学，2006.
[17] 周杭．基于系统动力学基础的企业集团资金管理研究［D］．赣州：江西理工大学，2006.
[18] 刘贻玲．基于系统动力学的高校现金流模拟模型分析［D］．赣州：江西理工大学，2007.
[19] 谢英亮，等．系统动力学在财务管理中的运用［M］．北京：冶金工业出版社，2008.
[20] 徐海霞，徐华巍．系统动力学在项目投融资决策中的应用［J］．企业导报，2009（6）：96～97.
[21] 谢英亮，刘贻玲．浅谈高校现金流管理中系统动态仿真模型的应用［J］．财会通讯，2010（5）：57～59.

[22] 谢英亮，刘贻玲．高校现金流因果关系反馈分析探讨 [J]. 财会通讯，2010 (8)：64~65.
[23] 谭冰雁．基于系统动力学的投资项目财务评价研究 [J]. 企业导报，2010 (6)：133~134.
[24] 张友棠，黄阳．基于行业环境风险识别的企业财务预警控制系统研究 [J]. 会计研究，2011 (3)：41~48.
[25] 刘秦南，王艳伟，等．基于系统动力学的 PPP 项目运营风险演化与仿真研究 [J]. 工程管理学报，2017，31 (5)：57~61.
[26] 冯锡文．矿井潜在生产能力预测的动力学模型 [J]. 矿业研究与开发，1999，19 (3)：1~3.
[27] 邓国春．基于系统动力学的矿区生态环境系统研究及应用 [D]. 赣州：江西理工大学. 2008.
[28] 刘勤兰．基于系统动力学的有色金属矿山企业运营仿真 [D]. 赣州：江西理工大学. 2009.
[29] 程平平．中小型矿山废弃地整治的民间投资模式初探 [J]. 江苏建筑职业技术学院学报，2012，12 (1)：41~43.
[30] 黄健柏，陈芳，邵留国．有色金属价格波动预测预警系统研究展望 [J]. 价格理论与实践，2012 (6)：85~87.
[31] 荣岩岩．有色金属矿山企业现金流预警研究 [D]. 赣州：江西理工大学. 2014.
[32] 周梦，卢明银，姚文浩，等．矿用辅助材料成本控制研究 [J]. 化工矿物与加工，2017 (6)：30~32.

5 有色金属矿山企业财务风险预警系统动力学模型

综合前文所述的财务风险管控方面的不足可知，目前有色金属矿山企业已经不能很好地进行事前预算、事中控制、事后评估分析，达到预警财务风险的目的。尤其目前，企业面临着复杂严峻的国内外环境，以及自身运营特征，对其财务运作过程进行风险源分析及对大量的有价值的数据进行开采，建立风险控制系统显得非常必要。本章结合系统动力学的系统性、预警性特征及其应用范围，将其运用于有色金属行业企业，通过对企业现金在循环运转过程中涉及的因果因素进行综合考查，构建一个专门基于资金流的风险预测模型，并通过系统动力学仿真技术对该模型进行模拟，对影响资金循环的各个因素进行即时分析，从而达到资金管理顺畅、资金使用效率提高、信息资源充分利用，进行科学决策的目的，把财务预算管理、资金结算管理以及监督考核环节做强、做实。具体研究思路为：财务风险源分析—影响因素反馈分析—建立财务控制系统模型。如图 5-1 所示。

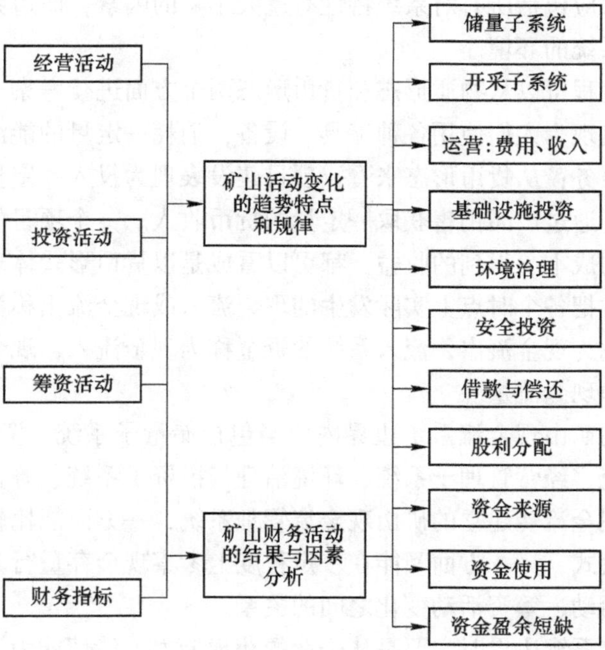

图 5-1 研究思路图

5.1 基于系统动力学的有色金属矿山资金流系统[1~5]

5.1.1 明确建模的目的

有色金属矿山企业经营环境存在不确定性，伴随着较大的财务风险，本节基于现有文献、专家经验、国泰安数据库等资料，根据有色金属矿山现金流转的问题建立系统动力学模型，研究有色金属矿山资金运作系统内部的储量、开采量、产品流向、资源开采及利用率、环境治理及投资、筹资各现金流变量之间的数量关系和变化规律等问题，目的是通过 SD 模型模拟不同的现金流转条件下，企业现金存量的响应情况，以寻求现金存量的变化规律，以确保企业维持正常生产所必需的现金持有水平，规避因现金流转问题而导致企业倒闭的风险，并尽可能地充分利用企业的现金资源获取更多的收入机会。通过对模型的灵敏性分析和情景分析，预测矿山企业运营中可能出现的某些问题及其影响，从而使矿山企业的管理者及决策者全面、系统、直观地了解矿山企业系统的运营状况，为其更好地做出管理决策提供政策性建议。

5.1.2 明确系统边界

系统边界的确定取决于所研究的问题，它是确定系统的变量要素之一。一般认为，系统内部应包括所有对系统特性有重大影响的因素，而边界外与系统有联系的部分便是系统的环境。

项目建设过程可以从物质形态和货币形态两个方面进行考察。从物质形态来看，项目建设表现为人们使用各种工具、设备，消耗一定量的能源，生产某种产品和提供某种服务；从货币形态来看，项目建设表现为投入一定量的资金，花费一定量的成本，通过产品销售获取一定量的货币收入。一个项目的建设，其投入的资金、花费的成本、得到的收益，都可以看成是以货币形式体现的现金流出或现金流入。通常把各个时点上实际发生的现金流入或现金流出称为现金流量，流出系统的资金称为现金流出，流入系统的资金称为现金流入，现金流入与现金流出的差额称为净现金流量。

本节研究的矿山现金流系统边界内应当包括储量子系统、资源开采子系统、产品流向子系统、经营管理子系统、环境治理与投资子系统、筹资子系统，由这些子系统围绕现金流转建立的矿山现金流管理系统，一方面能比较全面地分析现金存量的行为模式，另一方面又能在一定程度上考察现金存量行为模式与企业经营活动、投资活动、筹资活动变化之间的关系。

本节在界定系统边界时主要是从企业的获现能力、偿债能力、财务弹性、现金流量结构、发展能力和企业规模几个方面选择关键性现金流指标，以矿山企业日常经营业务、投资活动、筹资活动及矿山技术经济参数为范围，同时考虑到有色金属矿山企业运营所处外部环境的影响作用。

5.1.3 系统变量的选择[6~8]

根据 SD 原理设计模型需要对各子系统建立变量集。本书主要依据企业主要的三大活动现金流量进行收集变量，选择的矿山现金流系统主要变量集见表 5-1。

表 5-1 矿山现金流系统变量集

变量		备注
一、经营活动现金净流量		
1.1	经营活动产生的现金流入	
1.1.1	现销收回现金	销售产品、自制半成品或提供劳务等而取得的货币收入，现销矿产品收到现金
1.1.2	赊销收回现金	赊销矿产品收到现金
1.2	经营活动产生的现金流出	
1.2.1	购置支付现金	购置企业生产经营过程中实际消耗的原材料、辅助材料、设备配件、外购半成品、燃料、动力、包装物、低值易耗品以及其他直接材料等
1.2.2	支付人员工资	企业直接从事产品生产人员的工资、奖金、津贴和补贴
1.2.3	营业费用	销售服务费、销售部门人员工资、职工福利费、差旅费等
1.2.4	管理费用	企业行政管理部门为管理和组织生产经营活动所发生的各项费用，包括公司经费、职工教育经费、业务招待费等
1.2.5	支付各项税费	增值税、城市维护建设税、教育费附加、矿产资源税、资源补偿费
二、投资活动现金净流量		
2.1	投资活动产生的现金流入	
2.1.1	收回短期投资	
2.1.2	收回长期投资	
2.1.3	短期投资收益	
2.1.4	长期投资收益	
2.2	投资活动产生的现金流出	
2.2.1	短期投资	中小型仪器设备、试验费用的开支

续表 5-1

变　量		备　注
二、投资活动现金净流量		
2.2.2	长期投资	大型开拓工程、建筑工程、技术改造项目
2.2.3	环境治理投资	地形整治工程、原有拦砂坝加固、蓄排水工程、土壤改良工程、土地复垦与绿化工程、在产矿山治理费用
2.2.4	新增固定资产	生产用机械设备投资、技术升级投入
三、筹资活动现金净流量		
3.1	筹资活动产生的现金流入	
3.1.1	借入短期借款	一般的投资所需要资金
3.1.2	借入长期借款	复杂难处理资源综合利用技术研究及成果推广所需要的大量资金
3.1.3	投入股本	
3.2	筹资活动产生的现金流出	
3.2.1	偿还本金利息	因筹集资金而发生的各项费用，包括生产经营期间发生的利息净支出，即在生产期发生的建设投资借款利息与流动资金借款利息之和
3.2.2	股利分配	向股东（投资者）分配股利（利润）
四、现金流量相对指标		
偿债能力指标	即付比率	经营活动净现金流量/流动负债
	现金负债比率	经营活动净现金流量/负债总额
财务弹性分析指标	现金股利保障倍数	经营活动净现金流量/股利分配
	资本购置比率	经营活动净现金流量/资本支出
	全部现金流量比率	经营活动净现金流量/（投资流出+筹资流出）
获现能力分析指标	销售现金比率	经营活动净现金流量/经营流入
	每股经营现金净流量	经营活动净现金流量/普通股股数
现金流量结构分析指标	经营现金流入流出比	经营流入/经营流出

5.1.4 系统的结构分析[9~14]

系统的结构分析即研究系统的因果反馈结构，对于不同的有色金属矿山企业来说，尽管运营因素不完全相同，但是他们的结构都是相似的，即包括基本的子系统，经营活动、投资活动及筹资活动。本节研究的矿山企业根据矿山特征，其资金流管理系统还包括了储量子系统、资源开采子系统、产品流向子系统、环境治理子系统等，各系统之间的因果关系错综复杂，各影响因素之间相互制约、相互联系，因果反馈图见第3章图3-1有色金属矿山企业财务运营风险反馈图。

本节通过对矿山企业经营活动、筹资活动、投资活动等涉及的各活动影响因子进行定性综合反馈分析，构建有色金属矿山企业动态系统各子系统模型，甄选出各子系统间各循环反馈因子及其相互的影响，力图使矿山企业风险能从源头上动态地得以控制，达到适时跟踪。

以下各子系统选择的参数变量是为了一般研究的需要，具体运用时可以根据企业生产经营现状、外部环境变化等进行科学设置与动态调整。其中Time代表时间，在系统动力学软件中代表时间步长，在第4章系统动力学软件概念中已做介绍。

5.1.4.1 资源储量子系统

A 相关概念

（1）矿产资源储量。矿产储量是指对经地质勘查工作证实存在的矿床矿量，准确或大致查明其空间分布、产状、形态、规模和质量符合当前工业生产经济技术条件，以及政策允许开发利用，呈自然状态赋存于地表或地下的资源。矿床储量基础是指品位、质量、厚度及深度等能满足现行采矿和生产实践所要求的最低标准的资源，包括目前经济上可利用的资源（储量）、经济上处于边界条件的资源（边界储量）和某些目前属于潜在的资源。

（2）矿化区域。地壳中矿物富集的区域称为矿化区域，矿化区域中的矿物富集到足够的程度且埋藏条件允许开采并值得开采时就形成矿产。凡是地壳里面的矿物集合体，在现代技术经济水平条件下，能以工业规模从中提取国民经济所必须的金属或矿物产品的，就叫做矿石。

（3）矿体。矿石的聚集体叫做矿体，矿床是矿体的总称，对某一矿区而言，它可由一个或若干个矿体所组成。在现有的经济技术条件下可以开采和利用的矿床叫工业矿床，否则叫非工业矿床。矿床产状分类见表5-2。

（4）矿石品位、边界品位、工业品位。矿体与围岩之间的界限是按有用成分的含量来划分的，矿山品位、边界品位和最低工业品位就是划分矿石和废石、圈定矿体、衡量矿体是否合乎工业开采要求的三个重要指标。矿石品位指单位体积或单位重量矿石中有用组分或有用矿物的含量，是衡量矿床经济价值的主要指标。边界品位是一个界限，界定了可采矿石有用成分的最低范围，它是矿体边界上矿石的最低品位，是划分矿石和废石、圈定矿体的标准。工业品位一般指在目前技术经济条件下能够为工业利用提供符合要求的矿石的最低平均品位，其产品的销售收入能够抵偿生产所发生的费用，此即经济平衡品位，即单个勘探工程中有用组分含量的最低要求。最低工业品位是在边界品位圈定的矿体范围内，合乎工业开采要求的平均品位的最低值。

表 5-2 矿床产状分类表

分 类	种 类	厚度、倾角、方式
按厚度分	极薄矿体	0.6~0.8m
	薄矿体	0.8~2m
	中厚矿体	2~5m
	厚矿体	5~20m
	极厚矿体	>20m
按倾角分	水平矿床	0°~3°
	缓倾斜矿床	3°~30°
	倾斜矿床	30°~50°
	急倾斜矿床	>50°
按形态分	层状矿床	由于沉积原因形成的
	脉状矿床	由于热液作用，充填于裂缝中形成的
	块状矿床	由于充填、交代及汽化形成

B 结构分析

矿产资源储量是矿产资源评价的重要依据。储量计算的结果是评价矿产工业意义，确定矿山企业生产规模、投资规模、服务年限的重要依据。合理地对储量进行分类和分级是衡量矿床勘探程度和生产准备程度的重要依据，是矿山编制勘探与生产设计、制订生产计划、进行储量管理和生产技术经济管理的重要依据。矿山需要进行储量管理，以便通过储量管理来分析矿产储量的变化情况，为勘探开采工作、生产计划编制工作及远景战略规划工作提供可靠的储量依据。

资源储量子系统主要反映保有储量的变化情况，主要影响因素有探明储量、采矿量、选矿量及远景储量；而探明储量又受到勘探技术、矿产品位及勘探筹资投资的影响，主要结构如图 5-2 所示。

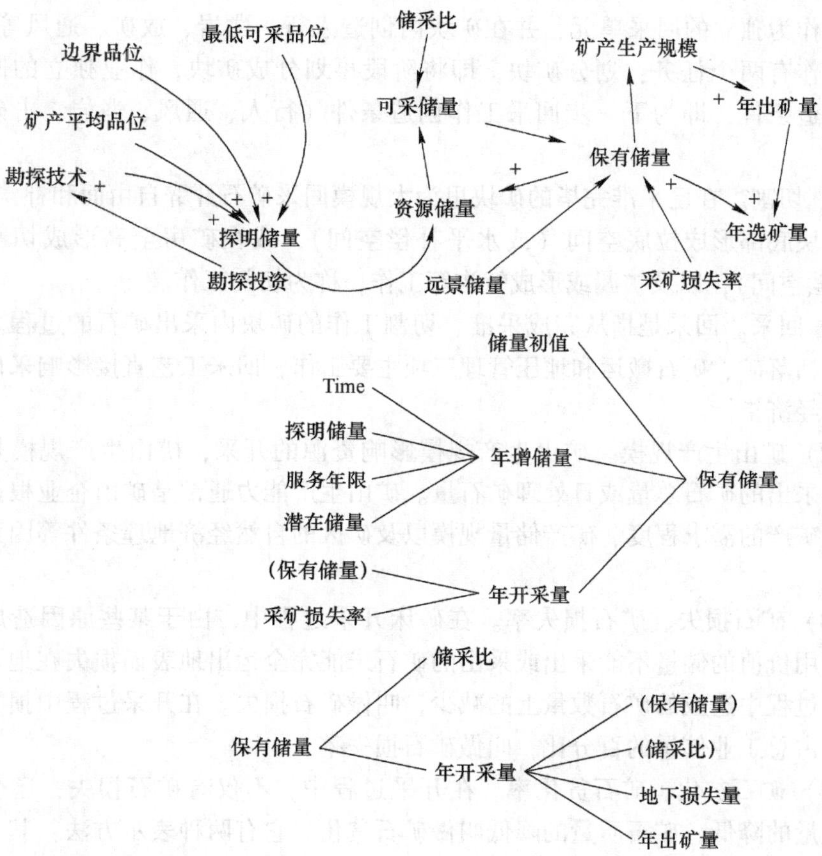

图 5-2 资源储量子系统结构

5.1.4.2 资源开采子系统[15~17]

A 相关概念

(1) 矿产资源开采。矿产资源开采是指固体金属与非金属矿床的开采，包括地表矿体露头及浅部矿体的露天开采和盲矿、深部矿体的地下开采。金属矿床的开采有着明显的特殊性，首先是地下作业，作业环境和劳动条件较差、空隙小、开采的矿床复杂多变、作业地点也经常变化；其次，矿床开采即资源开采，必须高效、安全和可持续地开采，充分保护环境和保护资源。矿床地下开采包括开拓、采准、切割和回采四个步骤，它们反映了矿床开采的基本生产过程。

1）开拓。矿床开拓就是从地面掘进一系列巷道通达矿体，使地面与矿体之间构成一个完整的运输、通风、排水、压气、供风、供水等线路，以便在矿体中进行采准、切割和回采工作。

2）采准。采准是指在已经开拓完毕的矿床里，掘进采准巷道。将阶段划分成矿块作为独立的回采单元，并在矿块内创造人行、凿岩、放矿、通风等条件。采准工作有两个任务：划分矿块，即将阶段再划分成矿块，作业独立的回采单元；创造条件，即为下一步回采工作创造条件（行人、通风、凿岩、击矿等条件）。

3）切割。在已采准完毕的矿块里为大规模回采矿石开辟自由面和补偿空间，或在矿块底部形成拉底空间（或水平补偿空间），或在矿房全高形成切割立槽（或补偿空间），以及扩漏或形成堑沟等工作，称为切割工作。

4）回采。回采是指从完成采准、切割工作的矿块内采出矿石的过程。回采工艺包括落矿、矿石搬运和地压管理三项主要工作，回采工艺直接影响采矿方法的技术经济指标。

（2）矿山生产规模。矿山生产规模影响资源的开采，矿山生产规模是指矿山每年采出的矿石总量或日处理矿石量。矿山生产能力通常是矿山企业根据市场对此种矿产的需求程度、矿产储量规模以及矿区的自然经济地理条件等因素设计确定的。

（3）矿石损失、矿石损失率。在矿床开采过程中，由于某些原因造成一部分有利用价值的储量不能采出或采出的矿石未能完全运出地表而损失在地下。凡在开采过程中造成的矿石数量上的减少，叫做矿石损失。在开采过程中损失的工业储量占总工业储量的百分比，叫做矿石损失率。

（4）矿石贫化、矿石贫化率。在开采过程中，不仅有矿石损失，还会造成矿石质量的降低，矿石质量的降低叫做矿石贫化。它有两种表示方法：其一是混入矿石中的废石量占采出的矿石量的百分比，叫做废石混入率；其二是矿石品位降低的百分数，叫做矿石贫化率。在开采过程中，废石的混入和高品位粉矿的流失等都会造成矿石贫化，但废石混入是主要原因。

B 结构分析

矿产资源在开发与利用过程中，矿产资源的储量、矿石品位、可采储量等可能与原预测结果发生较大偏离，使得矿业项目开采成本增加、产量降低或矿山经济寿命缩短，最终造成巨大损失，带来开发风险。

资源开采子系统主要反映矿产量的变化情况，决定矿产量的变化因素有地质品位、开采贫化率、选矿回收率、开采回采率、年选矿量，出矿品位由地质品位和开采贫化率决定，出矿品位、选矿回收率和开采回采率的共同作用将影响产量。主要结构分析如图 5-3 所示。

5.1.4.3 矿山经营活动子系统结构分析[18~23]

经营活动子系统主要反映经营活动净现金流量的变化情况。由于经营活动涉

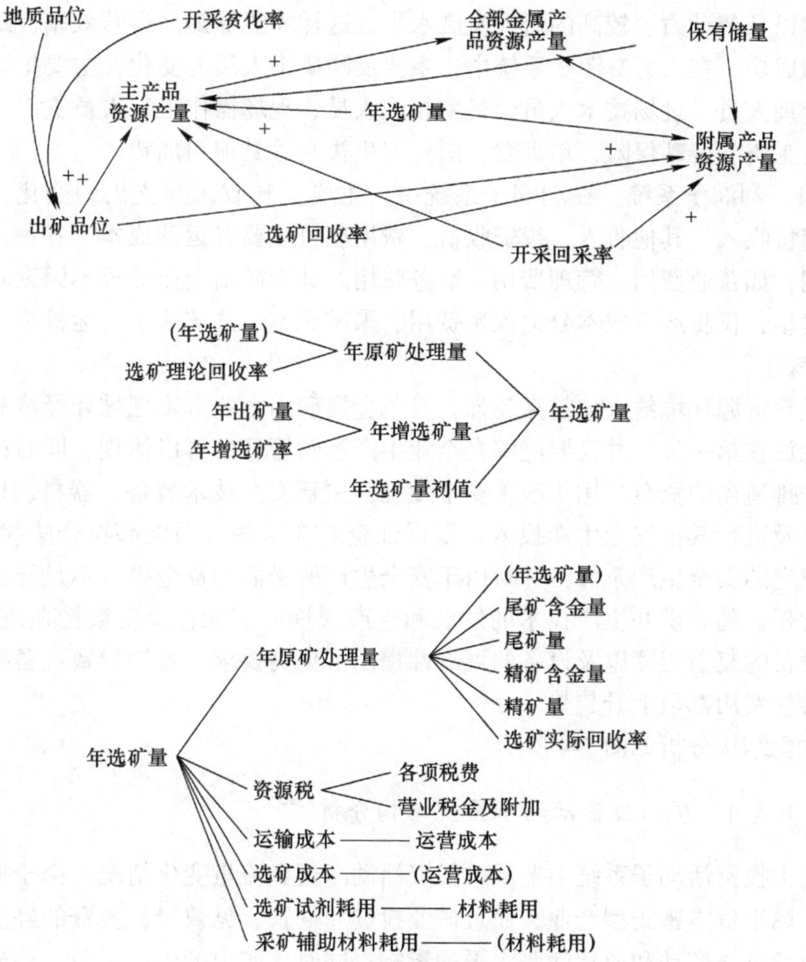

图 5-3 资源开采子系统结构

及面比较广，如采购、销售、人力、税费等，因此经营活动子系统涵盖内容比较多，如采购付款子系统、销售收款子系统、税费子系统、人力资源子系统、利润子系统、经营活动现金流量子系统。

(1) 采矿付款子系统。采矿付款子系统主要反映库存材料与付款的变化情况，在采矿工业场地，主要购置的辅助材料有炸药、水泥、钢材、木材等，选矿工业场地主要购置的辅助材料有钢球、黄药、石灰、油等。

(2) 销售收款子系统。源于有色金属矿床特性，有色金属矿山产品多采用一种或两种金属为主，综合回收多种金属为辅的产品结构形式，因此主要收入来源为主要金属矿产品销售额。

(3) 人力资源子系统。劳动力在生产经营中发挥着无可替代的作用，因为人在经济活动中具有创造力和能动性。矿床的勘探、矿石的开采都需要大量的专业人才以及劳动力、较高的研究发展水平，这样才能够提高运营效率，最终促成项目的成功。在人力资源子系统中，主要反映矿山人员的变化，主要把矿山人员分为管理人员、现场技术人员、科室技术人员、现场操作工。人员支出主要是各类人员工资、劳动保险、培训费、医药卫生福利等其他附加费。

(4) 利润子系统。在利润子系统中，主要反映收入与支出的变化，收入主要有销售收入、其他收入、投资收益，费用项目主要有运营成本、各种税金、期间费用，如营业费用、管理费用、财务费用。其中矿山企业的成本因素较多，为简化模型，仅将运营成本分为探矿费用、采矿成本、选矿成本、运输成本、安全成本等。

随着资源环境约束力越来越强，有色金属矿山企业必须把循环经济和清洁生产理念放在第一位，并且要能够在企业生产运营管理中得以体现；同时矿山企业必须安排适当的资金，用于改善安全设施，更新安全技术装备、器材、仪器、仪表，以及进行其他安全生产投入，以保证企业在这些方面能够符合法律、法规、标准规定的安全生产条件，并对由于安全生产所必需的资金投入不足导致的后果承担责任。随着矿井生产技术的发展和生产规模的扩大，设备数量在逐年增加，这对设备的复杂程度以及设备的可靠性提出了更高要求，直接导致设备维修工作量及维修费用都呈上升趋势。

主要结构分析如图 5-4 所示。

5.1.4.4　*矿山投资活动子系统结构分析*[24~27]

矿山投资活动子系统主要反映投资活动净现金流量变化情况。由于矿业比较特殊，属于资本密集型产业，而且矿业投资周期长、见效慢，投资的经济效果容易受市场价格变动和通货膨胀水平的影响；同时，矿山的生产对象，即矿体的属性复杂多变，不确定性强，因此矿业投资的市场与技术风险高。本书的矿山投资活动子系统涉及长短期投资子系统、固定资产投资子系统，环保投资子系统，其结构如图 5-5 所示。

(1) 长短期投资子系统。在长短期投资子系统中，长期投资是根据企业战略的要求由管理当局决定，短期投资是在保证资产流动性的前提下获得一定收益的投资。本书在固定资产投资子系统中，设置采矿机械净值、生产性用房净值、辅助生产性用房、房屋建筑物、选矿机械净值及累积折旧等流位变量，折旧按不同的固定资产类别按不同计算方法分类进行计算。

(2) 固定资产投资子系统。设备是企业维持正常生产经营活动的重要物质基础。对矿业企业而言，机器设备的质量和技术水平是衡量其资源开发能力和创新能力的重要标准，也是影响其技术经济指标的重要因素。设备从投入使用到报废，通常需要经历一段较长的时间，在这段时间内，设备会逐渐磨损。当设备因物理损坏或因陈旧落后不能继续使用或不宜继续使用时，就需要进行设备更新。地下开采主要设备一般有导轨式凿岩机、竖井提升机、斜井提升机、风冷空压

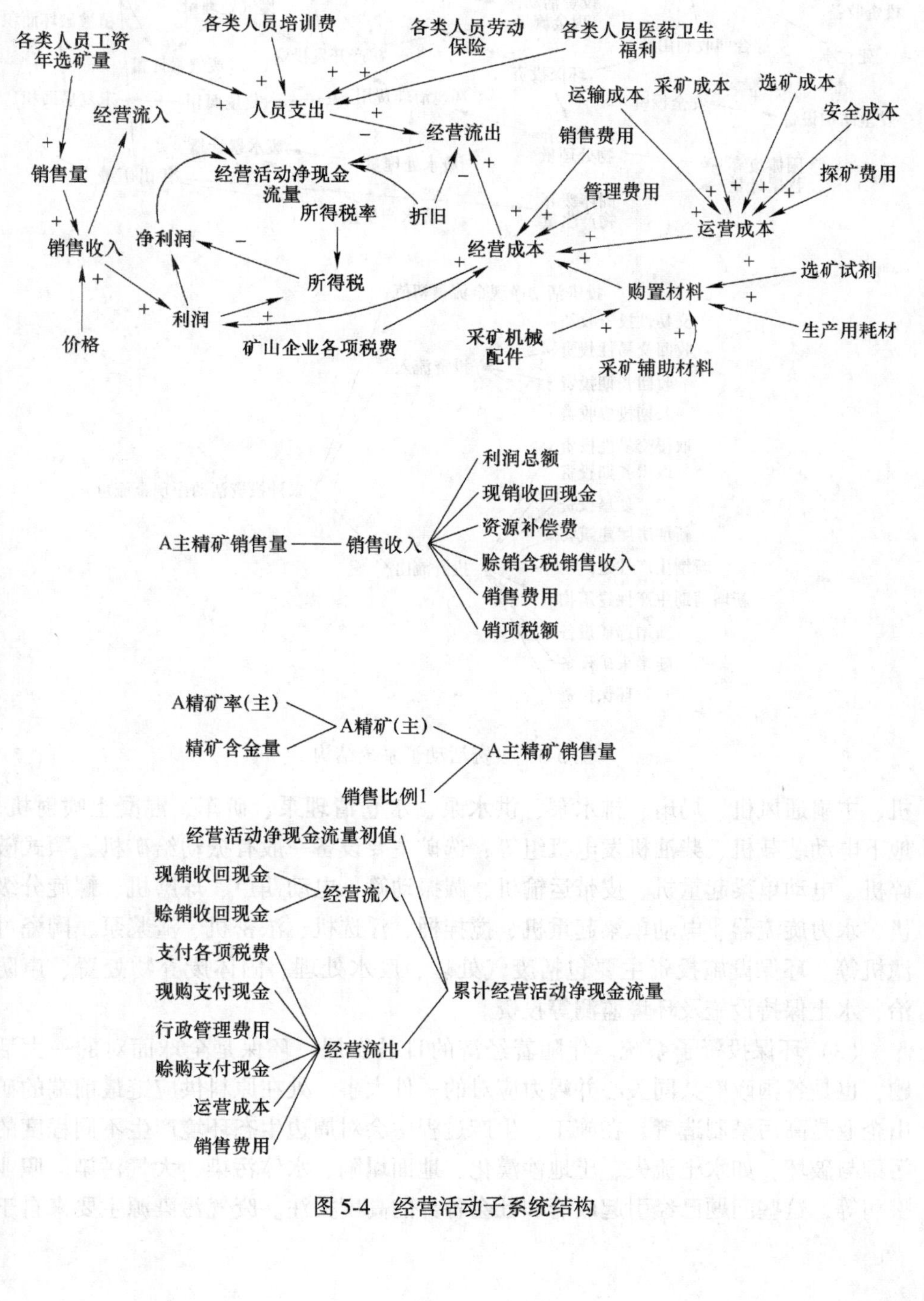

图 5-4 经营活动子系统结构

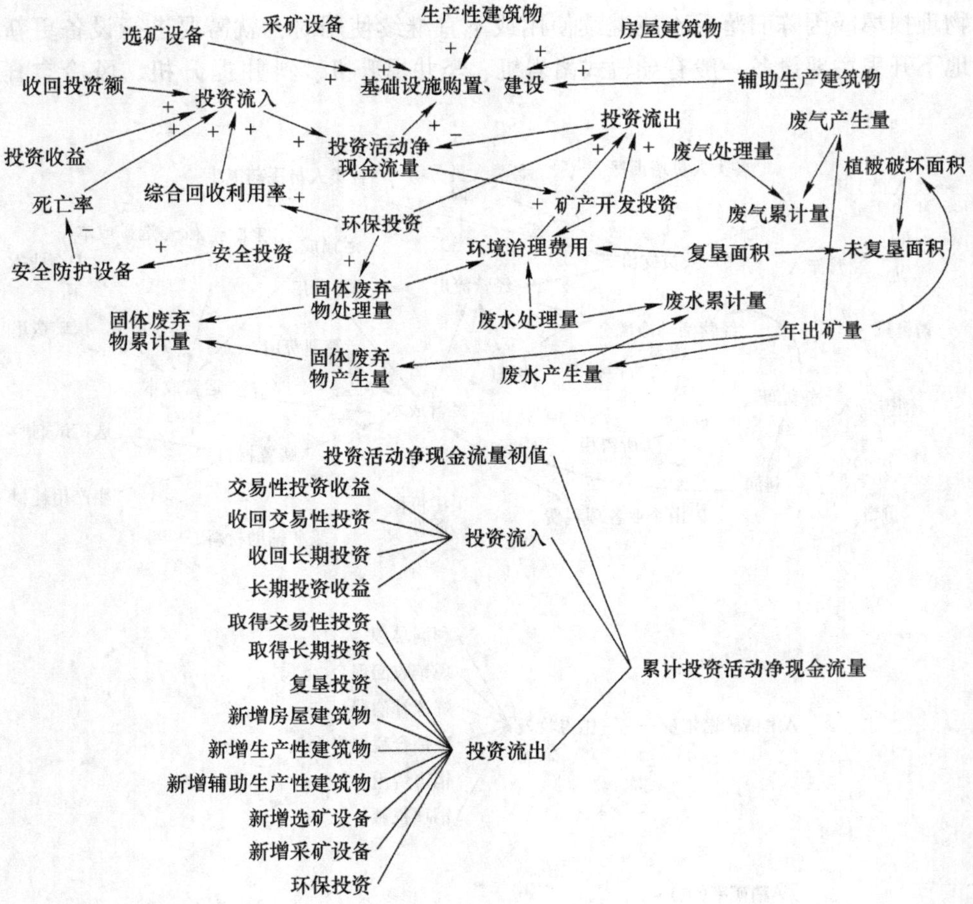

图 5-5　投资活动子系统结构

机、主扇通风机、局扇、排水泵、供水泵、水仓清理泵、矿车、混凝土喷射机、地下电动装载机、柴油机发电机组等；选矿主要设备一般有振动给矿机、颚式破碎机、电动单梁起重机、皮带运输机、圆振动筛、电动葫芦、球磨机、螺旋分级机、水力旋流器、电动单梁起重机、搅拌桶、浮选机、浓密机、渣浆泵、陶瓷过滤机等。环保设施投资主要包括废气处理、废水处理、固体废弃物处置、声防治、水土保持设施及环境监测等投资。

（3）环保投资子系统。伴随着经济的日益发展，环保是全球面对的一大话题，也是各国政府共同关心并竭力应对的一件大事。处在原料供应链最前端的矿山企业是高污染制造者，在施工、生产过程中会对周边生态环境产生不同程度的污染与破坏，如水土流失、土地沙漠化、地面塌陷、水体污染、大气污染、职业疾病等，这些问题已经引起政府和社会各界的高度关注。废气污染源主要来自于露天开采遗留的废石场产生的粉尘；废水污染源主要是废石场和废弃堆浸场淋溶废水、露天采坑废水以及矿区生活污水；噪声源主要是进行废石处理机械、运输车辆等产生的噪声；固体废弃物主要是矿区的生活垃圾、废石场的废石；水土流失主要是废石场和废浸场占地面积较大，生态植被破坏较为严重，易造成水土流失。矿山企业处在不同的时期环境影响特点不同，见表5-3。

表5-3 不同时期自然、生态环境影响因素

工程阶段	影响因子
施工期	场地平整、矿区建设产生的扬尘对空气、地面水、声环境及生态环境造成的不利影响
	场地平整、矿区建设产生的设备噪声对空气、地面水、声环境及生态环境造成的不利影响
	场地平整、矿区建设产生的植被破坏对空气、地面水、声环境及生态环境造成的不利影响
	场地平整、矿区建设产生的水土流失等对空气、地面水、声环境及生态环境造成的不利影响
	施工人员日常生活污水对地表水的不利影响
生产期	生产废水（井下废水、选矿废水）和生活污水排放对周边地表水环境的影响
	井下废气、选矿粉尘对区域环境空气的不利影响
	固体废弃物（废石）堆置对生态环境和水环境的影响
	设备运行噪声对厂界外环境的影响

矿山企业尾矿一般数量都比较大，含有暂时不能处理的有用或有害成分，如果随意排放，会造成资源流失，大面积覆没农田或淤塞河道，污染环境。为了综合利用矿物资源及消除对环境的污染，必须采取有效措施对尾矿进行处理。一般要求矿山企业投资建立尾矿库，筑坝拦截谷口或围地，构成用以堆存金属或非金属矿山进行矿石选别后排出的尾矿或其他工业废渣的场所。尾矿设施一般包括尾矿输送系统、尾矿堆存系统、尾矿排洪系统、尾矿回水系统以及尾矿水净化系统。

2015年我国颁布了"史上最严"环境保护法，作为我国标志性的关于环境资源的法律，该法关注我国重点治理环境污染、资源浪费等不利于可持续发展的环境问题。在生态文明建设的理念里，环保投资必须有一部分费用用于环境治理，因此在环保投资子系统中，需要考虑到矿山在开采过程中引起的环境污染及植被土地破坏情况，故本系统将废水、废石、固体废料、环境破坏等设为流位变量，以清晰地反映因治理环境产生的环保投资。

5.1.4.5 筹资子系统结构分析[28~32]

有色金属矿山企业的固定资产投资、环保投资及正常的企业运转都需要大量的资金来维持。比如某稀土矿山，需要开展低品位离子型稀土资源综合利用技术研究及成果推广，包括室内试验研究，条件试验、中试、工业试验及示范推广工作；开展复杂难处理离子型稀土资源综合利用技术研究及成果推广，包括室内试验研究，条件试验、中试、工业试验及示范推广工作；开展新型离子交换树脂高效回收稀土技术研究及成果推广，包括室内试验研究，条件试验、中试、工业试验及示范推广工作。为了有效推进这些工作，除了中央补助外，资金平衡主要应通过企业自筹、合作伙伴资金、信贷融资三个方面进行。之后，需要支付利息、应付股利。

筹资子系统涉及融资子系统、筹资活动现金流量子系统。在融资子系统中，主要设置了短期借款、长期负债、股本流位变量，长期投资主要负责新增资产购置所需资金，企业融资政策通过调整长期负债比例和投入资本比例来体现。主要结构分析如图 5-6 所示。

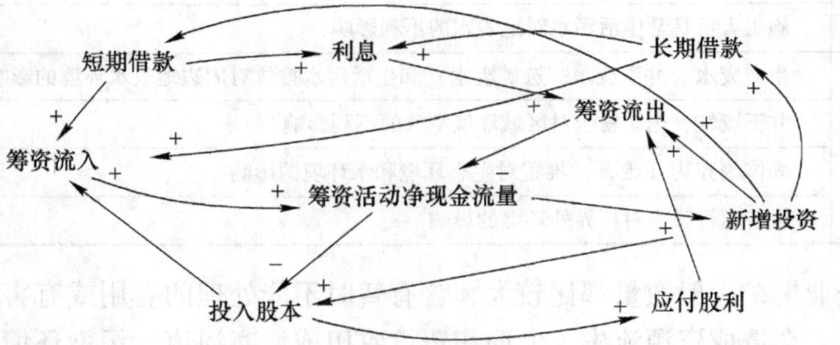

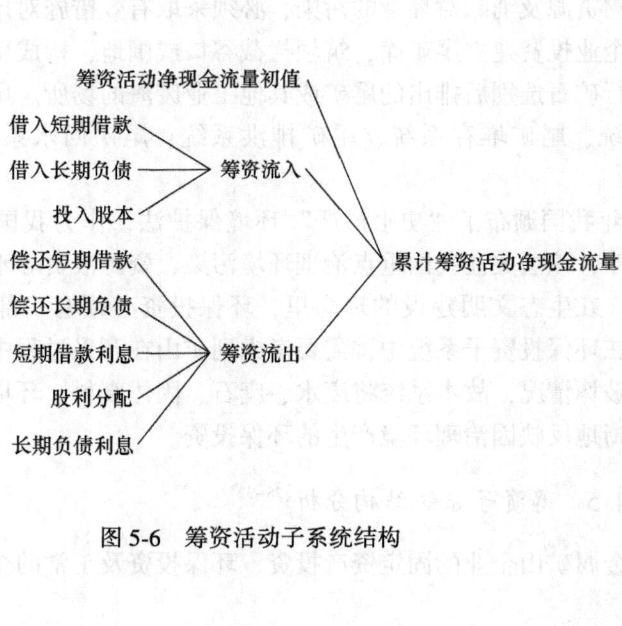

图 5-6　筹资活动子系统结构

5.1.4.6 现金流预警指标子系统结构分析

现金流预警指标系统主要反映经营活动现金流量、投资活动现金流量及筹资活动现金流量涉及的相关财务指标变化情况，通过分析其变化情况，可以及时了解企业各环节发生或可能发生的风险，并及时发出预警信号，为管理层提供决策有用信息。现金流预警指标一般包括偿债能力指标（即付比率、现金负债比率)、财务弹性分析指标（现金股利保障倍数、资本购置比率、全部现金流量比率)、获现能力分析指标（销售现金比率、每股经营现金净流量)、现金流量结构分析指标（经营现金流入流出比)。为了更直观地反映上述现金流指标的结构关系，此处以示意图的形式进行表示，如图 5-7 所示。

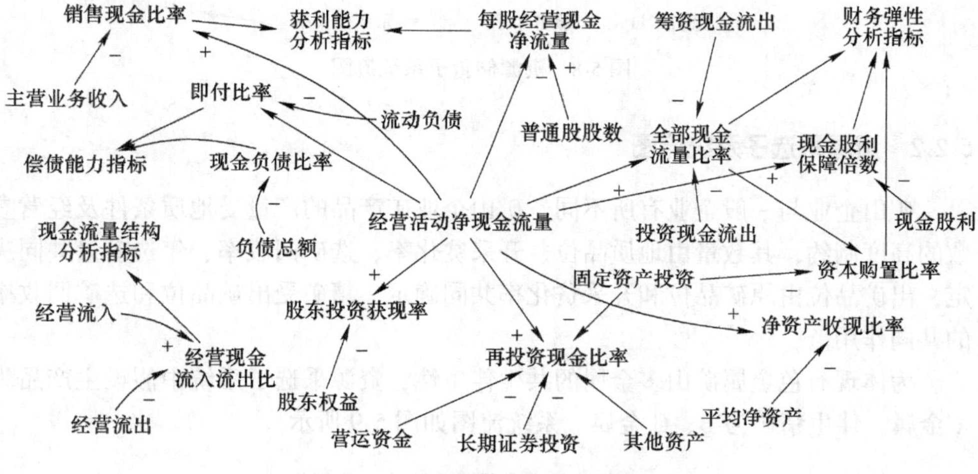

图 5-7 现金流预警指标子系统结构

5.2 有色金属矿山现金流系统动力学模型

鉴于以上对有色金属矿山现金流量预警系统整体结构和各子系统之间结构的定性分析，根据系统动力学的建模要求，需要将系统各因果关系中没能反映出来的不同变量的特性和特点用系统各变量之间的数量关系表示出来，使系统内部的作用机制更加清晰明了，并将结构定性关系图转化为定量系统流图，建立相应的模型方程式。由于系统的复杂性、非线性、多重反馈性特点，为了对模型进行简化，本书在把结构关系图转化为系统流图时对一些定性的影响因素做了部分调整，模型的部分方程式见附录[28~34]。

5.2.1 资源储量子系统流图

根据建模的目的，资源储量子系统将保有储量设置为流位变量。年开采量、年增储量设为流率变量，用工业品位、边界品位反映探明储量，可能存在出矿的潜力用概率可能性A、可能性B、可能矿体A、可能矿体B之间的数量关系表示，以反映潜在储量的变化。系统流图如图5-8所示。

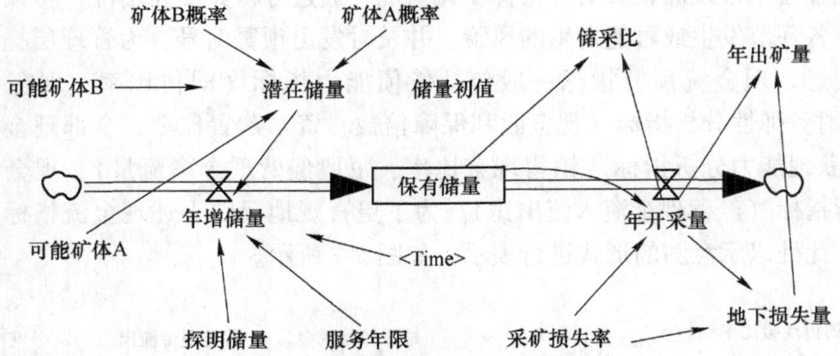

图5-8 资源储量子系统流图

5.2.2 资源采选子系统流图

矿山企业与一般企业有所不同，矿山企业矿产品的产量受地质条件及经营参数的高度制约，其数量由地质品位、开采贫化率、选矿回收率、年选矿量共同决定，出矿品位由原矿品位和开采贫化率共同确定，精矿受出矿品位和选矿回收率的共同作用。

为体现有色金属矿山多金属的共生伴生性，资源采选子系统中假设主产品为A金属，伴生精矿为B、C金属。系统流图如图5-9所示。

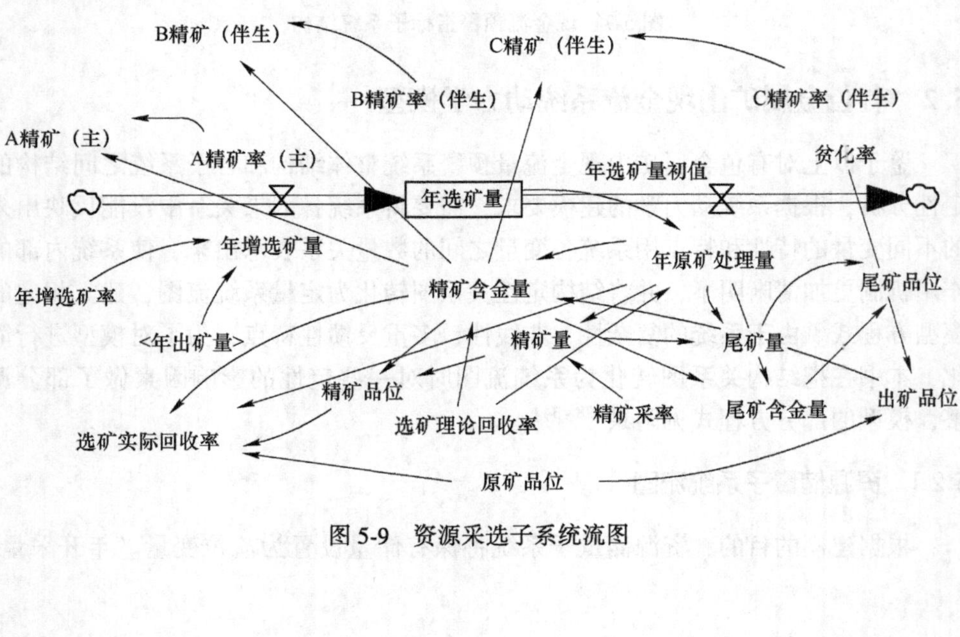

图5-9 资源采选子系统流图

5.2.3 经营活动子系统流图

本系统涉及多个子系统，如采购付款子系统、人力资源子系统、销售收款子系统、税费子系统、利润子系统、经营活动现金流量子系统。

在采矿付款子系统中，主要反映库存材料与付款的变化情况。系统流图如图 5-10 所示。

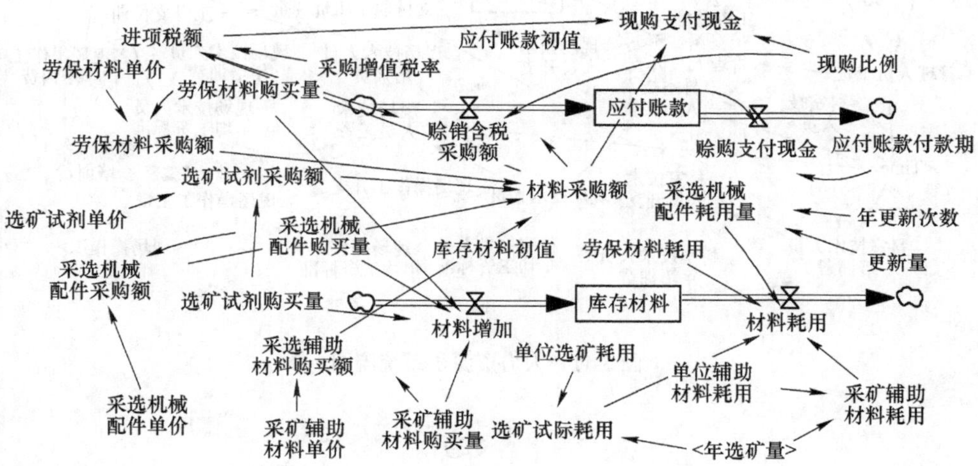

图 5-10 采购付款子系统流图

在人力资源子系统中，主要反映矿山人员种类，以及其相应工资薪酬的变化。系统流图如图 5-11 所示。

为简化模型，方便研究，销售收款子系统中的销售收入主要是销售 A 主精矿、B、C 伴生精矿的收入。系统流图如图 5-12 所示。

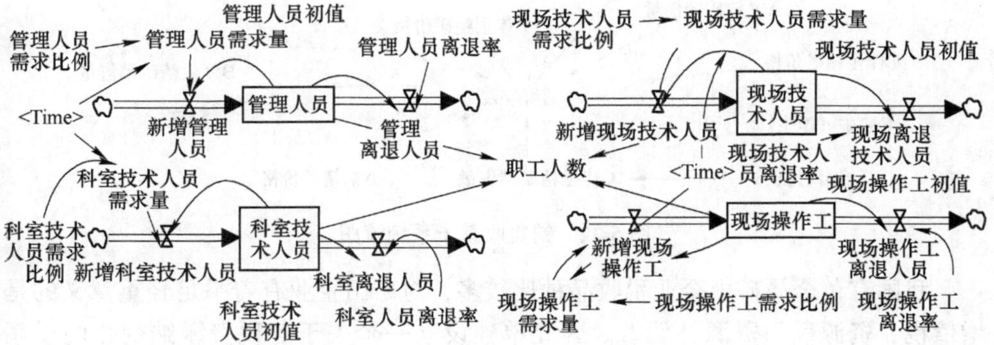

(a)

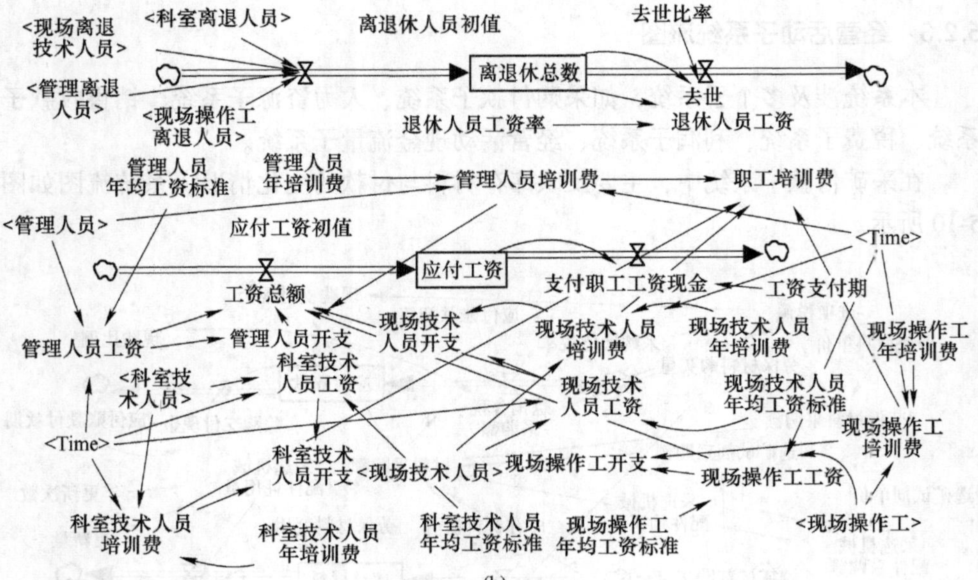

(b)

图 5-11 人力资源子系统流图

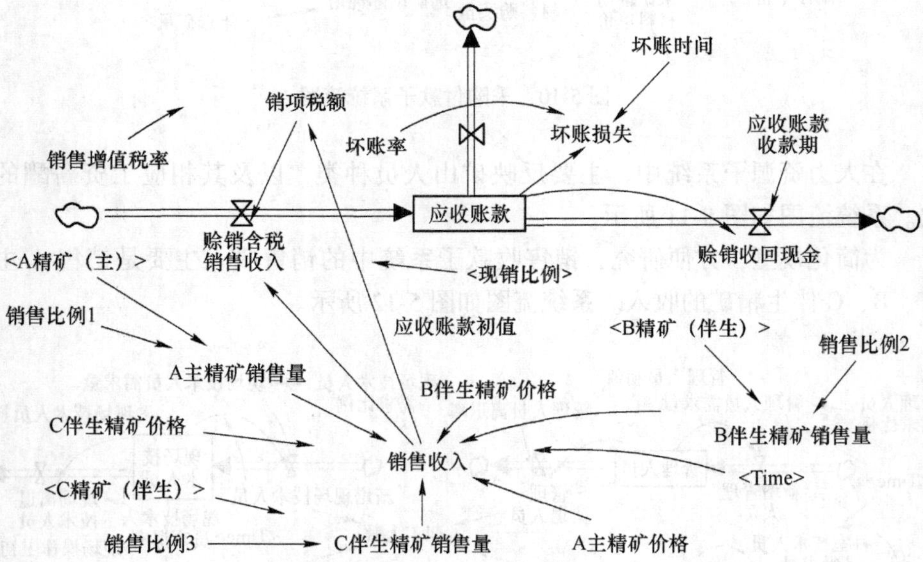

图 5-12 销售收款子系统流图

我国有色金属矿山企业税收品种比较多，对矿山企业有着举足轻重意义的是增值税、资源税和资源补偿费。因此单独设立一个关于各税费缴纳变化的子系统，可以直观揭示有色金属矿山企业在增值税、资源税、资源补偿费上反映出来的问题。此子系统将应交税金设为流位变量。系统流图如图 5-13 所示。

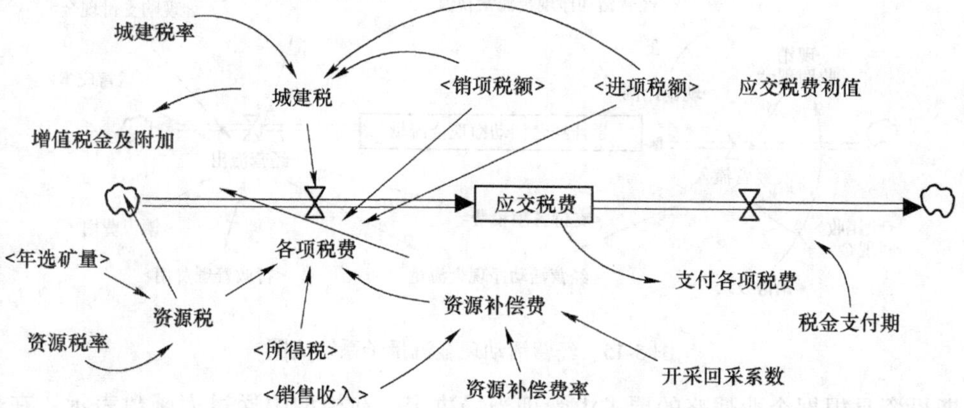

图 5-13 税费子系统流图

在利润子系统中，主要反映收入与支出的变化。系统流图如图 5-14 所示。

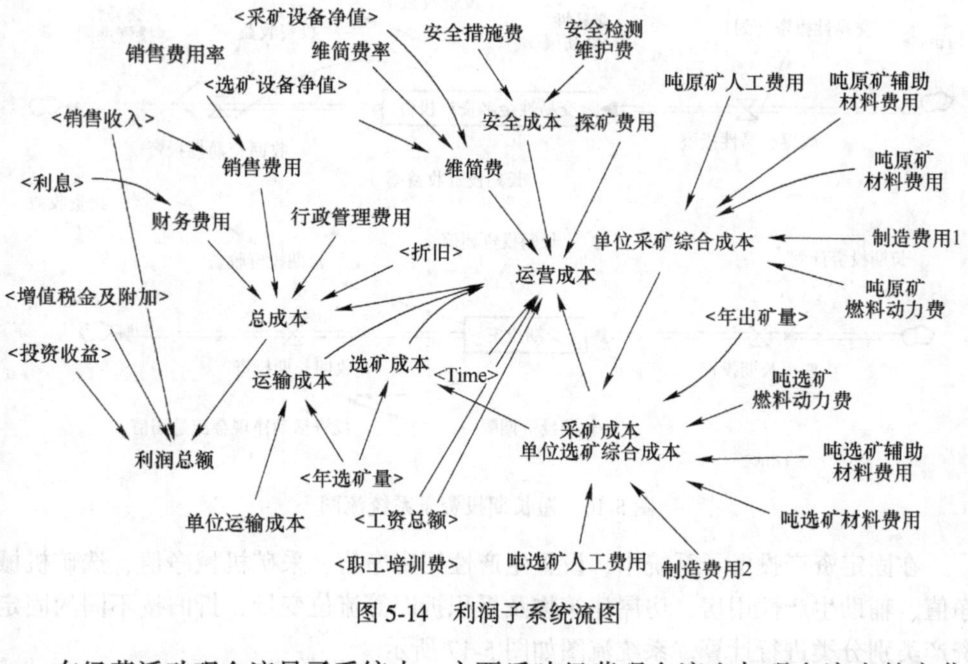

图 5-14 利润子系统流图

在经营活动现金流量子系统中，主要反映经营现金流入与现金流出的变化，系统流图如图 5-15 所示。

5.2.4 投资活动子系统流图

本系统涉及长短期投资子系统、固定资产投资子系统、环保投资子系统。长

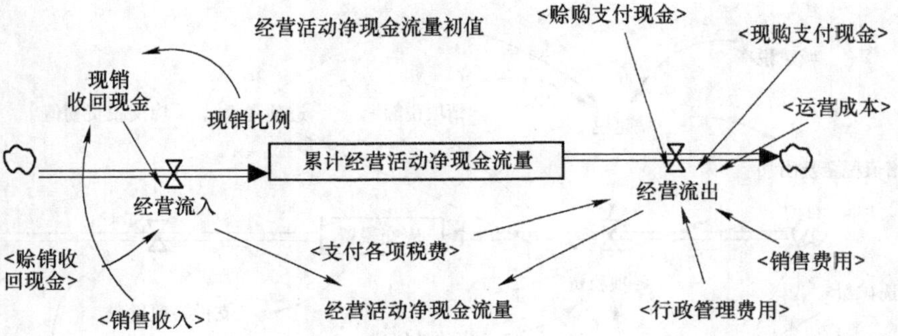

图 5-15 经营活动现金流量子系统流图

期投资是根据企业战略的要求由管理当局决定，在模型中通过表函数表示；在长短期投资子系统中，短期投资主要是指交易性金融资产投资，是在保证资产流动性的前提下获得一定收益的投资。系统流图如图 5-16 所示。

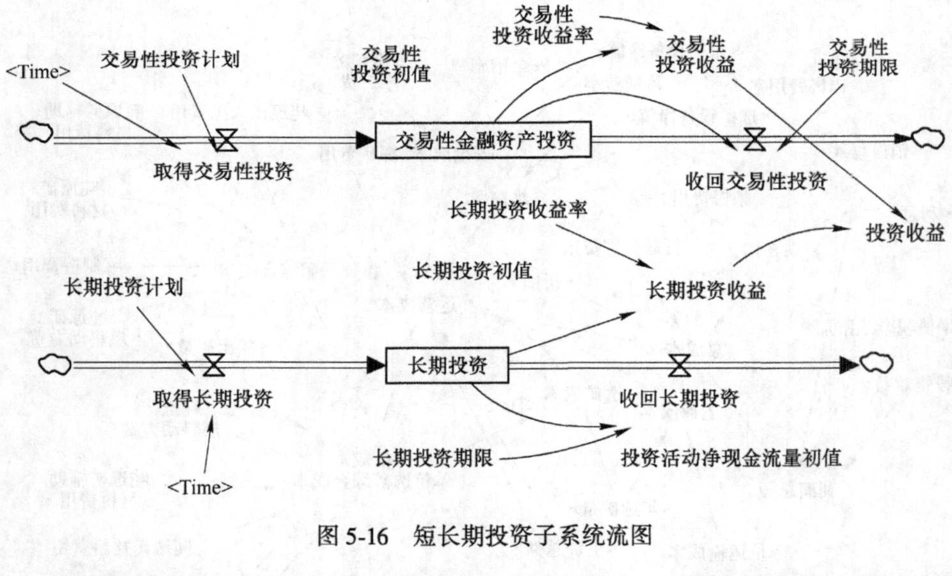

图 5-16 短长期投资子系统流图

在固定资产投资子系统中，设置生产性用房净值、采矿机械净值、选矿机械净值、辅助生产性用房、房屋建筑物及累积折旧等流位变量，折旧按不同的固定资产类别分类进行计算。系统流图如图 5-17 所示。

在环保投资子系统中，由于考虑到矿山在开采过程中引起环境污染及植被土地破坏的情况比较突出，耗资比较大，为了清晰反映因治理环境而产生的环保投资，该系统将废水、废石、固体废料、环境破坏等设为流位变量。系统流图如图 5-18 所示。

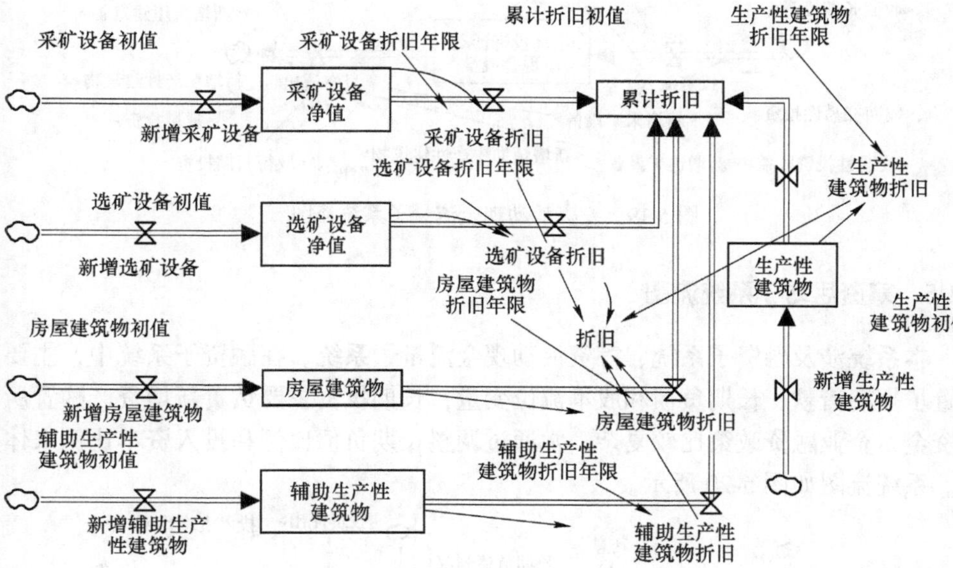

图 5-17 固定资产投资子系统流图

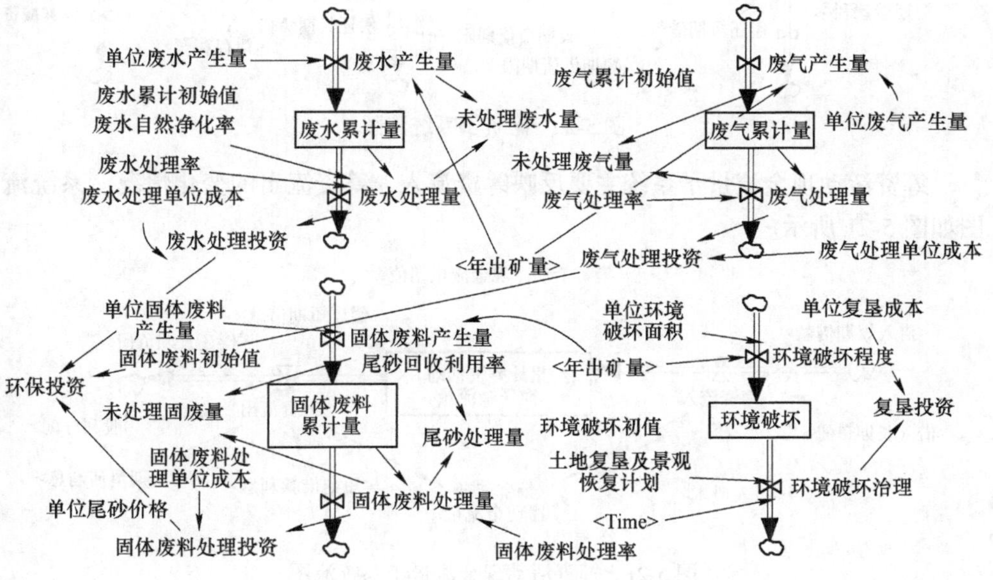

图 5-18 环保投资子系统流图

投资活动现金流量子系统中主要反映投资流入、投资流出的变化，系统流图如图 5-19 所示。

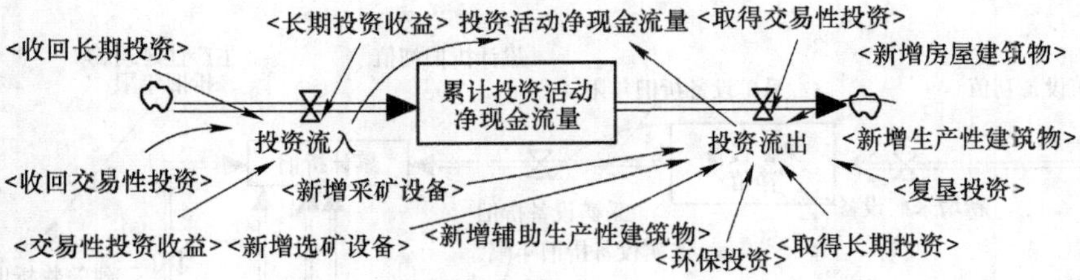

图 5-19 投资活动现金流量子系统流图

5.2.5 筹资活动子系统流图

本系统涉及融资子系统、筹资活动现金流量子系统。在融资子系统中，主要设置了短期借款、长期负债和股本流位变量，长期投资主要负责新增资产购置所需资金，企业融资政策比较复杂，常通过调整长期负债比例和投入资本比例来体现。系统流图如图 5-20 所示。

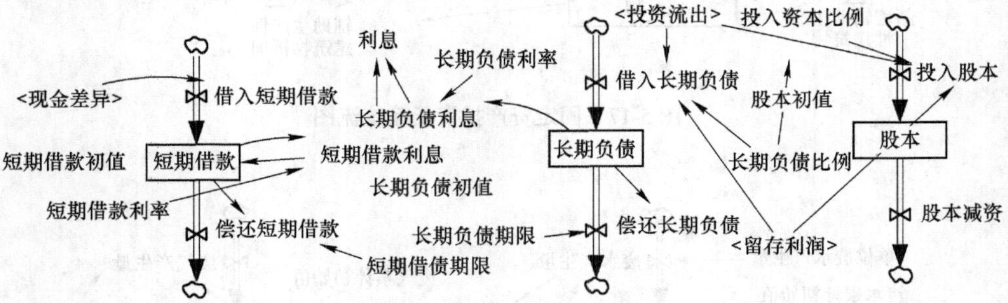

图 5-20 融资子系统流图

筹资活动现金流量子系统主要反映筹资流入、筹资流出的变化情况，系统流图如图 5-21 所示。

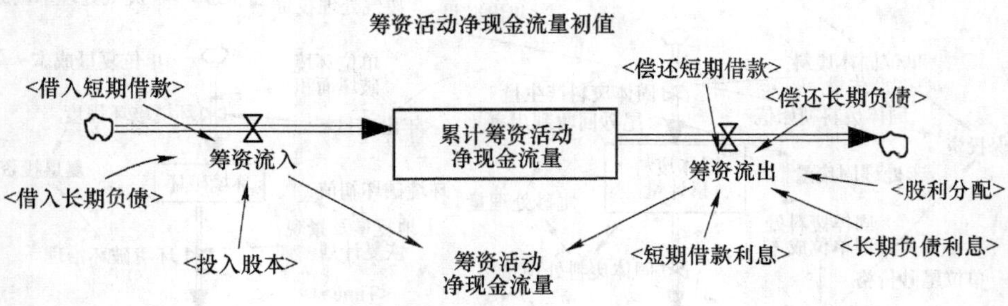

图 5-21 筹资活动现金流量子系统流图

5.2.6 留存利润子系统流图

留存利润子系统主要反映净利润与股利分配的变化情况，设置留存利润、公积金为流位变量，系统流图如图 5-22 所示。

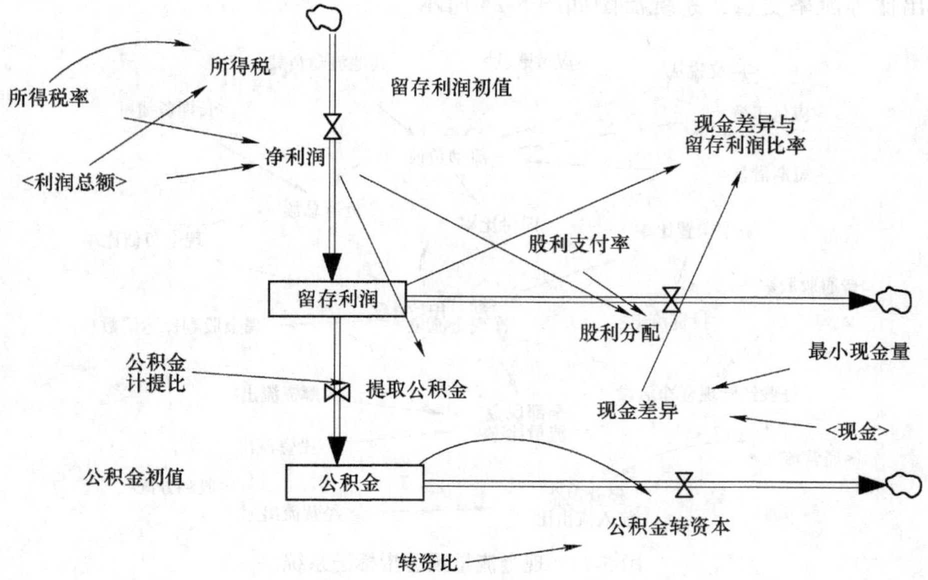

图 5-22 留存利润子系统流图

5.2.7 现金流量子系统流图

该系统主要反映经营活动净现金流量、投资活动净现金流量和筹资活动净现金流量的变化，设置现金流位变量，系统流图如图 5-23 所示。

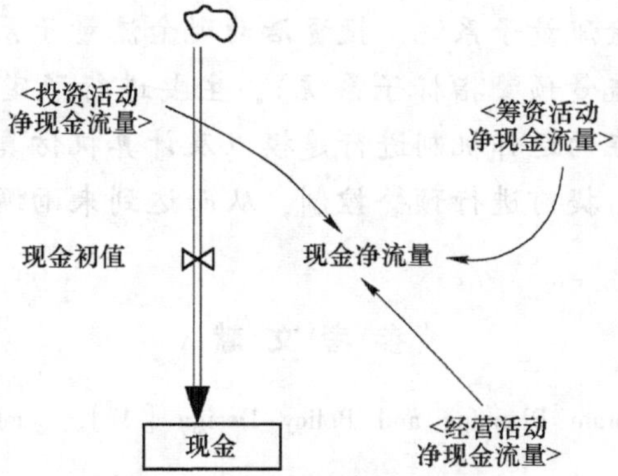

图 5-23 现金流量子系统流图

5.2.8 现金流量预警指标子系统流图

该系统主要设置了即付比率、销售现金比率、现金股利保障倍数、现金负债比率、资本购置比率、全部现金流量比率、每股经营现金净流量、经营现金流入流出比等流率变量，系统流图如图5-24所示。

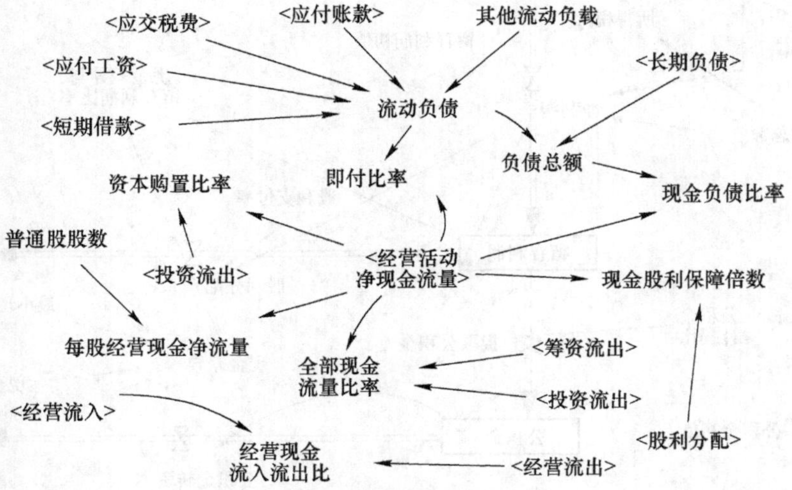

图5-24 现金流量预警指标子系统

以上构建的各子系统图为有色金属矿山企业财务风险预警仿真的一般模型，实际运用时，可结合企业实际及研究需要，选择主要变量进行仿真模拟。

本章小结

本章结合矿山企业的特征，以及矿山企业财务风险存在的危机，构建了基于现金流量基础的财务预警相关系统模型（资源储量子系统、资源采选子系统、经营活动现金流量子系统、投资活动现金流量子系统、筹资活动现金流量子系统、现金流量预警指标子系统），主要进行了定性与定量的综合分析。对矿山企业内在的运作机制进行建模以及计算机仿真模拟，可以预先发现可能存在的问题，提前进行预警控制，从而达到未雨绸缪、防患于未然的目的。

参考文献

[1] Lyneis J M. Corporate Planning and Policy Design [M]. Cambridge MA: Productivity Press, 1980.

[2] Chiarella C, Dieci R, He X. Heterogeneity, Market Mechanisms, and Asset Price Dynamics [J]. Research Paper, 2009: 277~344.

[3] Mills J R, Yamamura. The power of cash flow ratios [J]. Journal of Accountancy, 1998, 4 (186): 53-60.

[4] 王其藩. 高级系统动力学 [M]. 北京：清华大学出版社，1994.

[5] 王其藩．系统动力学［M］. 上海：上海财经大学出版社，2009.
[6] 王淑萍．财务报告分析［M］. 3 版. 北京：清华大学出版社，2007.
[7] 苏懋康．系统动力学原理及应用［M］. 上海：上海交通大学出版社，1988.
[8] 李旭. 社会系统动力学：政策研究的原理，方法和应用［M］. 上海：复旦大学出版社，2009.
[9] 李德成．采矿概论［M］. 北京：冶金工业出版社，1985.
[10] 王青，任凤玉，等．采矿学［M］. 2 版. 北京：冶金工业出版社，2011.
[11] 陈建宏．矿产资源经济学［M］. 长沙：中南大学出版社，2009.
[12] 陈晓青．金属矿床露天开采［M］. 北京：冶金工业出版社，2010.
[13] 唐敏康．新编矿业工程概论［M］. 北京：冶金工业出版社，2011.
[14] 陈迅．技术经济学［M］. 重庆：重庆大学出版社，2010.
[15] 刘志斌，马登军．环境影响评价［M］. 徐州：中国矿业大学出版社，2007.
[16] 陆宁，史玉芳．建设项目评价［M］. 北京：化学工业出版社，2009.
[17] 钱瑜．环境影响评价［M］. 2 版. 南京：南京大学出版社，2012.
[18] 徐新阳．环境影响评价教程［M］. 北京：化学工业出版社，2010.
[19] 闫军印．建设项目评估［M］. 2 版. 北京：机械工业出版社，2011.
[20] 杨波．改扩建项目后评估方法与应用研究［D］. 西安：西安建筑科技大学，2006.
[21] 朱世云，林春锦．环境影响评价［M］. 北京：化学工业出版社，2007.
[22] 朱永峰．矿产资源经济概论［M］. 北京：北京大学出版社，2007.
[23] 刘贻玲．基于系统动力学的高校现金流模拟模型分析［D］. 赣州：江西理工大学，2007.
[24] 刘永清．基于自由现金流量的航运企业财务风险识别与管理［D］. 上海：上海海事大学，2007.
[25] 陈子龙. 基于系统动力学方法的工程项目绩效管理研究［D］. 南京：南京大学，2013.
[26] 刘贻玲. 企业财务风险影响因素结构分析——以有色金属矿山企业为例［J］. 中国商论，2016（31）：76~78.
[27] 陈坤. 基于系统动力学的产业技术路线图制定［J］. 科学与科学技术管理，2011，32（4）：32~36.
[28] 张丽婷．基于系统动力学的企业财务预警研究［D］. 哈尔滨：哈尔滨工业大学，2009.
[29] 彭会清．现代矿业管理经济学［M］. 北京：冶金工业出版社，2011.
[30] 徐明稚，张丹，等．基于现金流量模型的高校财务风险评价体系［J］. 会计研究，2012（7）：57~64.
[31] 邢东升．基于现金流量的企业财务预警系统研究［J］. 现代商业 . 2014（5）：205.
[32] 廖斐，贾炜莹．基于现金流量的上市公司财务危机预警研究［J］. 商业会计 . 2014（4）：80~82.
[33] 李国清，等．矿山企业管理［M］. 北京：冶金工业出版社，2015.
[34] 张波，袁永根. 系统思考和系统动力学的理论与实践：科学决策的思想、方法和工具［M］. 北京：中国环境科学出版社，2010.

6 有色金属矿山企业财务风险预警仿真运行与分析

前面几章根据矿产资源开采的特点，依据矿山投资可行性研究报告及各环境影响评价，运用系统动力学基本方法，以有色金属矿山企业经营活动、投资活动、筹资活动各财务风险管理为基础，建立了财务预测各子系统的系统动力学模型。为了研究需要，本章将第5章构建的财务风险各子系统，结合现金流系统特点，以三大活动为主轴，挑选了经营活动净现金流量、投资活动净现金流量、筹资活动净现金流量、留存利润、公积金和现金等6个水平变量，经营流入、经营流出等10个流率变量及其他49个辅助变量，运用系统动力学建模软件 Vensim-PLE 构建企业现金流预警模型，如图6-1所示；同时选取一家有色金属矿山企业，对其财务运作各环节进行模拟分析和政策研究。

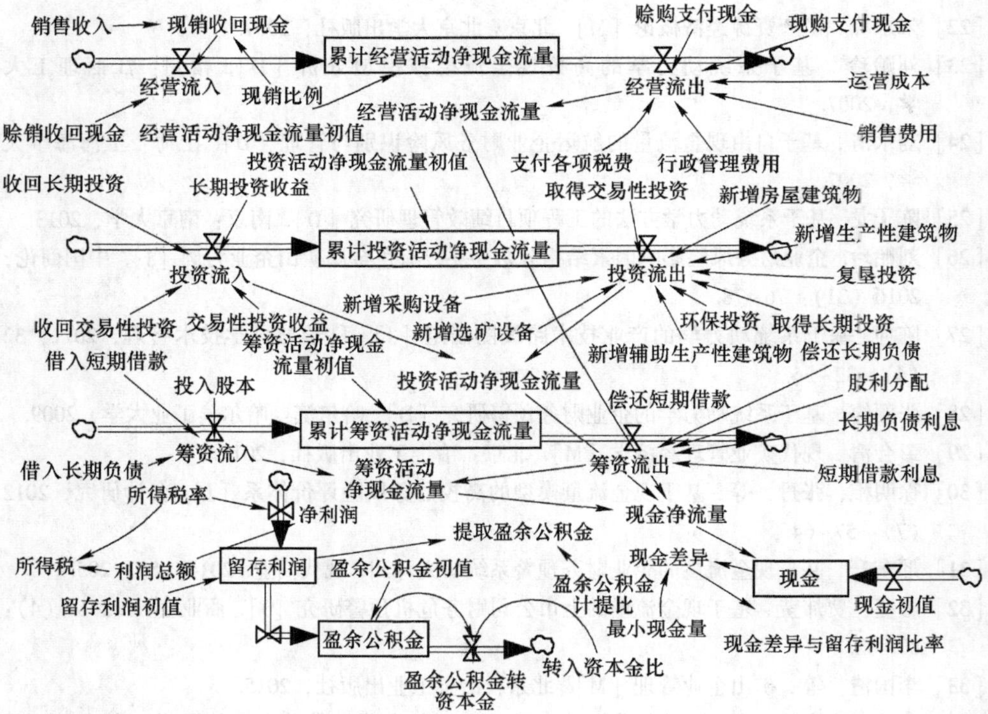

图6-1 有色金属矿山企业现金流预警模型

6.1 模型说明

由于企业相关财务数据都是很敏感的，不便于对外公开，所以企业对外提供的数据都基本要进行适当处理。本次模拟进行了数据模糊化，因此在对企业数据进行保密的同时又不改变企业的整体状态；修整后的数据使人更容易掌握和发现数据之间的关系，从而更容易识别和掌握模型的特性。模型的基本假设主要有以下几点：

（1）矿山企业销售量由其生产量决定，矿产品生产量取决于矿山设计生产能力和生产负荷；销售价格随着国际市场价格波动而变动。

（2）现金流入仅考虑主营业务收入；现金流出主要用于支付原材料采购和生产经营管理需要，其中原材料采购是正常生产经营年份现金流出的主要部分。

（3）企业生产具有连续性；在模拟期间原材料价格变化暂忽略不计。

（4）以 2017 年度为模拟初始点，模拟期间为 2018～2022 年，后面模拟图中横轴“0”代表 2017 年，横轴“1～5”分别代表 2018～2022 年，纵轴代表数量或金额。

6.2 模拟矿山简介

本次模拟选取的是一家露天有色金属矿山企业（以下简称 A 企业），该企业位于江西某县城 182°方向 32km 处，区内有 206 国道在西部穿过，北距赣龙铁路约 80km，矿区内有乡级公路经过，交通较方便。区内为亚热带东南季风气候，气候温暖、湿润多雨，最高气温 36.5℃，最低气温-3.5℃，年平均气温 18.9℃；区内水系发育，主要为山间溪流，水量随季节有变化，年平均降雨量为 1649mm，但分配不均匀，多集中于四、五、六月；无霜期长，平均为 293 天，冰冻期短，平均为 85 天，年平均湿度为 79%。矿区位处武夷山脉西坡，为中低山—丘陵地貌，中部山高，地势陡峻，主要矿化区海拔标高 630～440m，区内最高峰海拔 691.7m，最低 280m，侵蚀基准面 264m。

矿区境内有两条主要河流通过，一条为苎坑河，在矿区东部由南往北汇入中村河，再由东向西流经矿区北侧；另一条为上廊河，由东向西流经矿区南部，在周田汇入湘西河，为赣江水流的上游支流。

该企业以铜为主，隶属某大型铜业集团。于 1985 年建成投产，1989 年达产，日处理矿石 10000t，年产铜精矿 15000 多吨。2006 年底启动了“露转坑”基建工程建设，之后形成露坑联合开采的格局，该铜矿采用露天开采方式，分 V1、V2 号采场。最近几年企业加大探矿力度，抓好钼矿探测，确保矿产资源的接续。目前该企业有长期从业人员 3023 人，其中管理人员 720 人，具有高级专业技术职称 65 人、中级专业技术职称 202 人。

采矿场主要生产工艺过程：穿孔作业、爆破作业、供配矿作业、铲装作业、运输作业、排土场作业、边坡护理及排水作业。主要采矿设备：孔径 250mm 牙轮钻机、200mm 潜孔钻机，斗容 $4m^3$ 大型挖机，先后使用载重能力 27t、30t、42t、45t 矿用自卸汽车。具体生产工艺流程如图 6-2 所示[1]。

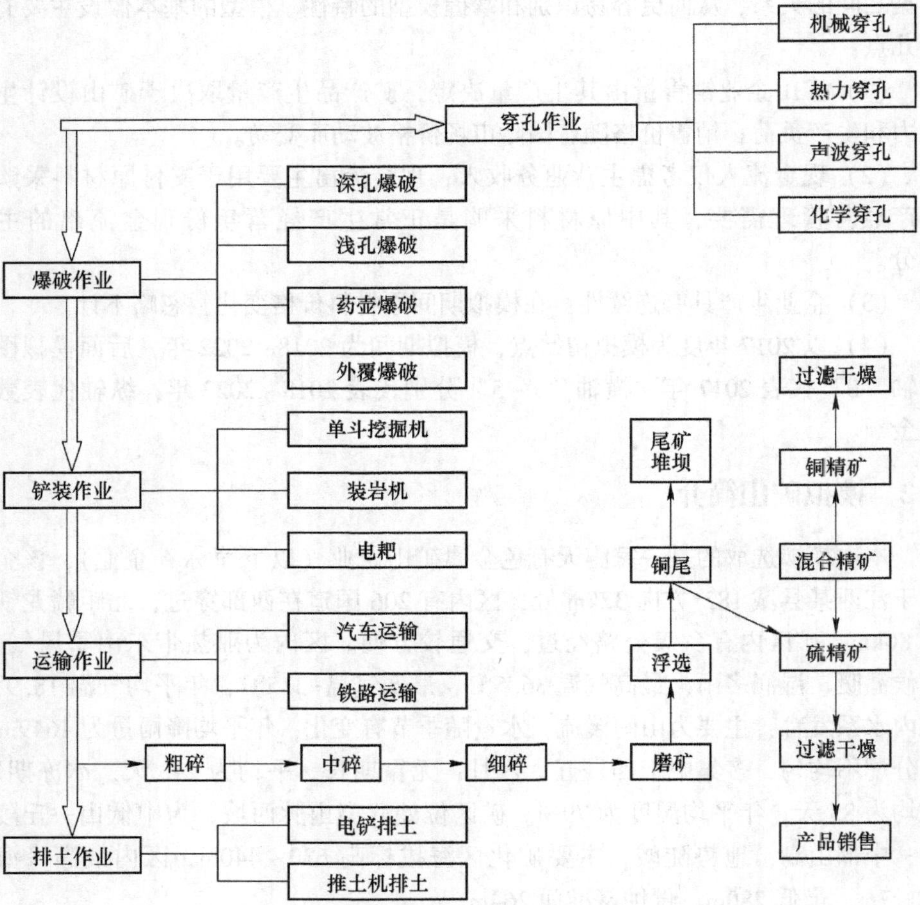

图 6-2　矿区生产工艺流程

6.3　模拟参数确定[2~6]

用系统动力学流率基本入树或流图方法建立结构模型及相关方程后，紧接着的问题是如何得到仿真结果，这是用系统动力学进行复杂系统动态分析必须回答的问题。想要进行有效的仿真，需要在进行计算机仿真之前，确定模型中方程式的所有参数，这些参数包括常量、表函数、流位变量初值等。本书通过调查搜集所需的数据资料，结合专业知识，依据《工业企业财务制度》《矿山企业环境影响评价导则规范》的相关规定，以及往年的统计数据，运用相关的统计方法、预测技术及其他数学方法对模型参数进行估计。这些参数的取值一部分根据对企业的调研的情况收集而来，也有一部分是通过模拟实验法来确定的。由于有些数据涉及矿山的机密，故实际数据在应用至模型中时需要对实际数据进行预处理。为了使模型参数更加简化，对那些随时间变化不甚显著的参数近似取为常数值。

6.3.1 模型参数估计采用的方法

（1）应用统计资料、调查资料确定参数；

（2）一些常用的数学方法，如多项式线性拟合法；

（3）专家估计法；

（4）国家有关文件的规定，如税法等；

（5）其他方法。

6.3.2 主要的常量参数

（1）基本参数。

初始时间=0，最终时间=5，模拟步长=1，以年为单位。

（2）经营活动部分参数。

采矿损失率=0.1，贫化率=0.15，原矿品位=1.5%，精矿品位=20%，增值税率=13%，赊购比例=0.1。

（3）投资活动部分参数。

废水处理率=60%，废气处理率=40%，固废处理率=50%，采矿设备折旧率=0.1，选矿设备折旧率=0.11，房屋建筑物折旧率=0.015，辅助生产性建筑物折旧率=0.023，生产性建筑物折旧率=0.033，矿产资源税税率=5元/t，矿产资源补偿费费率=0.02。

（4）筹资活动部分参数。

借款期限=5，借款利率=6%，公积金计提比例=15%，所得税率=25%。

在模拟仿真时，以上常量参数可以根据企业生产经营现状、外部环境变化等进行科学设置与动态调整。

6.3.3 表函数设置

系统动力学的一个重要特征就是利用表函数来反映趋势变化。表函数常用于建立两个变量之间的非线性关系，在建立时应注意以下几点：

首先，对表函数的有关变量变化规律、制约关系进行初步分析，确定自变量的变化趋势及取值问题。因此为了取得自变量变化范围及取值范围，需要考虑有色金属矿山实际背景因素、获得数据的难易程度以及灵敏度、精确度的要求。

其次，依照变量因果关系极性来确定函数的增减性。建立表函数时要选择好一个或一个以上的特殊点，得出曲线的斜率与形状，从而反映出数据关系函数的变化趋势。

最后，确定斜率。斜率分为负值斜率和正值斜率。负值斜率代表负反馈，正值斜率代表正反馈。而斜率的正反一般只能由实际背景确定，设置曲线的斜率，使之与因素之间反馈关系所表示的影响性质相吻合。

（1）现场操作工需求比例。现场操作工需求比例是企业管理层根据企业产能作业需求的变化决定的。各年的现场操作工人员需求计划都不一样，可以通过未来情景假设来安排其数值。需求计划如图 6-3 所示。

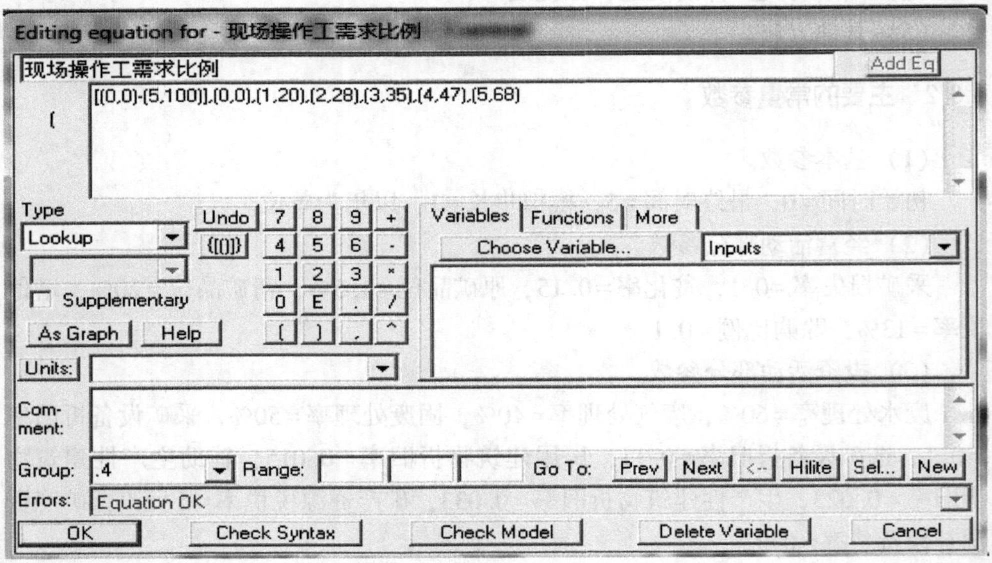

图 6-3　年现场操作工需求比例计划

（2）现场操作工年培训费。为不断提升矿工的安全素质、操作技能和日常设备维护管理意识，保证公司安全生产顺利完成，结合公司年度安全生产工作实际，每年需要安排专项经费用于安全生产培训，现场操作工年培训费如图 6-4 所示。

（3）其他各类表函数。比如企业的管理层会根据市场的变化，再结合企业当前状况，从而决定年探明储量计划。随着企业生产的不断进行，企业每年会根据自身的财力状况合理地安排勘探费用的投资计划等，从而达到获得更多资源及节约成本的目的。

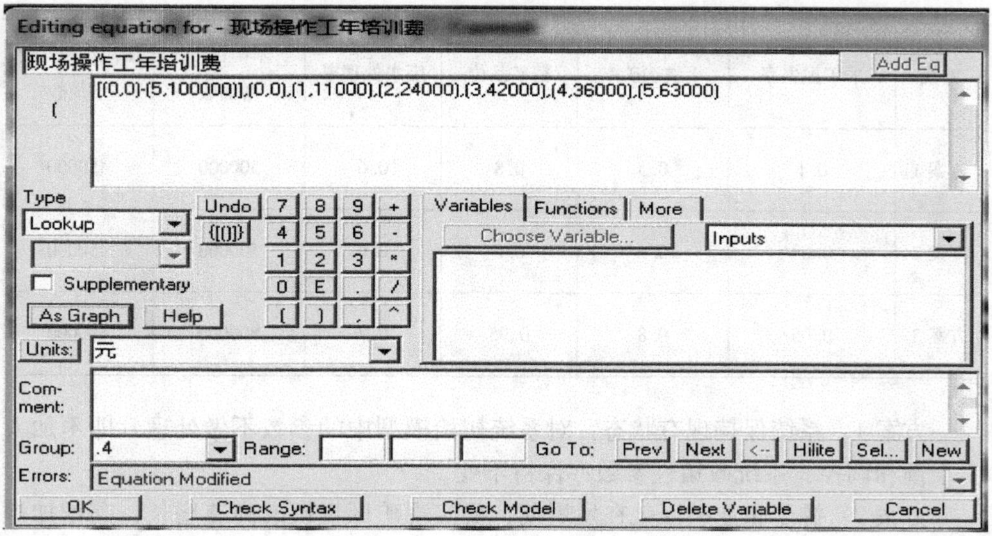

图 6-4 现场操作工年培训费计划

6.4 模型方案及因素的仿真运行及分析[7~13]

建立好了模型，就可以利用模型进行模拟和数据分析，即进行变量之间的灵敏性分析。灵敏性分析就是改变模型中的参数、结构，运行模型，比较模型的输出，从而确定其影响的程度。一般地，灵敏性分析主要有两种：结构灵敏性分析和参数灵敏性分析。结构灵敏性分析，主要是研究模型中因果关系的变化对模型行为的影响。参数灵敏性分析，主要是研究模型行为对参数值在合理范围内变化的灵敏性，检查模型行为模式是否因为某些参数的微小变动而改变。本章主要针对常量参数值进行灵敏性仿真运行分析。

结合该矿山 2017 年的一些初始资料，根据上述方程式及其一系列参数的设置，并把它输入到模型后就可以进行仿真分析及预测。

6.4.1 方案仿真运行及结果分析

为实现企业矿区储量、采选、经营、投资、筹资等各方面协调发展的目标，对该模型选择采矿损失率、年增选矿率、精矿品位、废水处理率、采矿设备增加数和生产性建筑物增加数等作为调控参数，分别选取各个参数变量不同取值的组合，设计 3 种实验方案对企业现金流发展趋势进行预测；然后比较分析三种方案的模拟结果，从中找到对矿山企业较优的发展方案（见表 6-1）。

表 6-1　三种调控模式参数

方案	采矿损失率	年增选矿率	精矿品位	废水处理率	采矿设备增加数	生产性建筑物增加数
方案 1	0.1	0.3	0.8	0.6	500000	450000
方案 2	0.08	0.6	0.8	0.6	500000	450000
方案 3	0.05	0.8	0.95	0.7	800000	600000

方案 1：系统保持现有状态，对系统初始模型中的参数不做处理，即不加人工干预和调控，系统政策性参数亦保持不变。

方案 2：源于企业矿区处在发展期，要实现矿区规模的高速增长，需增加探矿的投入量。

方案 3：考虑到企业可持续发展模式，需要考虑增加保有储量、增加年选矿量、加大环保投入等对企业财务可持续发展的动态制约关系，应加大探明储量、增加出矿量、增加收入；应适当控制未处理废物的增长，适当提高环保投资的比重，加大对资源“三废”的处理力度，减少三废的排放，改善企业的生态环境。

三种决策方案选取五个指标来表明矿山企业的财务现金流状况。用“保有储量”来衡量矿产资源储量状况，用“年选矿量”来衡量每年矿产品产量状况，用“未经处理废水量”来说明污染治理效果程度，用“投资活动现金流出”来衡量投资活动总体投入带来的现金流出情况，用“现金净流量”来衡量经营活动、投资活动和筹资活动带来的现金流入与流出情况。上述三种方案在 5 年后的模拟结果见表 6-2。方案 1 的相关参数模拟预测图如图 6-5～图 6-9 所示；限于篇幅，方案 2、方案 3 模拟预测图不一一列出。

表 6-2　不同方案模拟结果

方案	保有储量/t	年选矿量/t	未经处理废水量/t	投资活动现金流出/元	现金净流量/元
方案 1	2.364×10^{6}	2.57838×10^{6}	48752	3.1604×10^{8}	2.338×10^{10}
方案 2	2.313×10^{6}	4.564×10^{6}	50084	3.2323×10^{8}	3.78933×10^{10}
方案 3	2.2486×10^{6}	6.04972×10^{6}	42592	3.3455×10^{8}	4.89201×10^{10}

对以上三种方案进行综合比较，方案3更加注重矿山企业产量、投资、现金流协调发展，既实现了矿山企业产量、现金流的快速增长又最大限度保护了矿山的生存环境，是一种较为理想的发展模式。同时也可以通过对比不同方案中某些关键因素的敏感性程度，区别项目不同方案对关键因素的敏感性大小，选取敏感性小的方案，以减少项目的风险性。

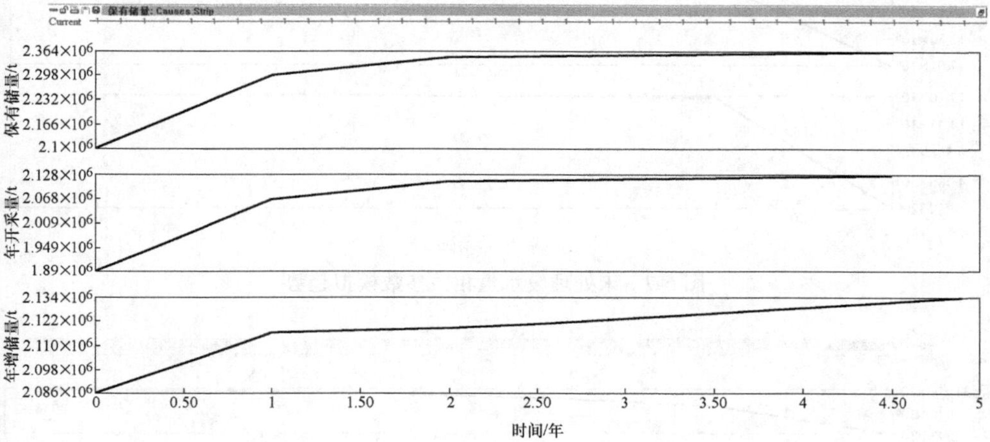

图 6-5　保有储量相关参数模拟趋势

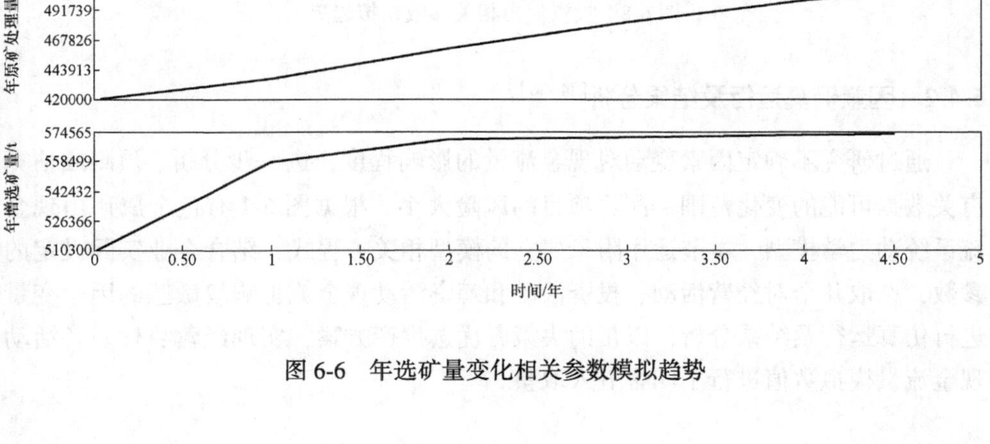

图 6-6　年选矿量变化相关参数模拟趋势

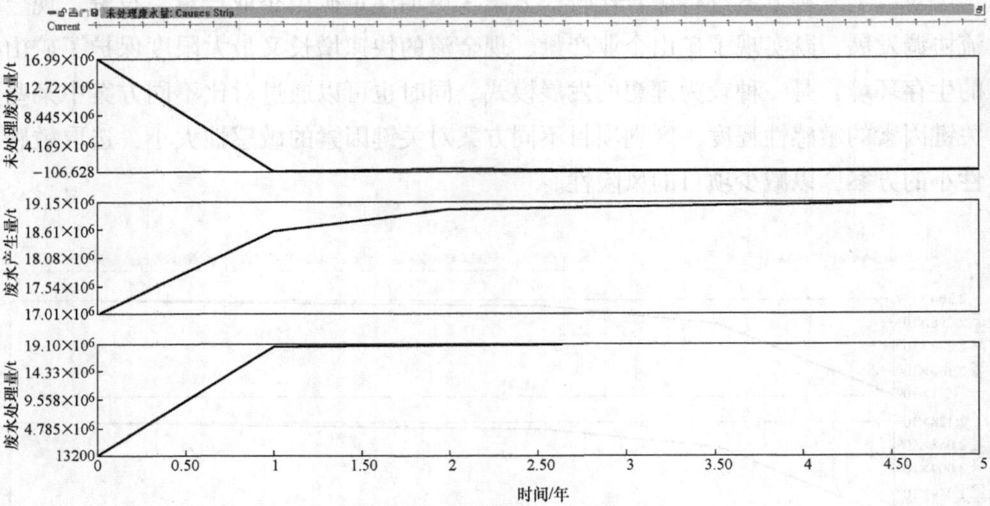

图 6-7　未处理废水量相关参数模拟趋势

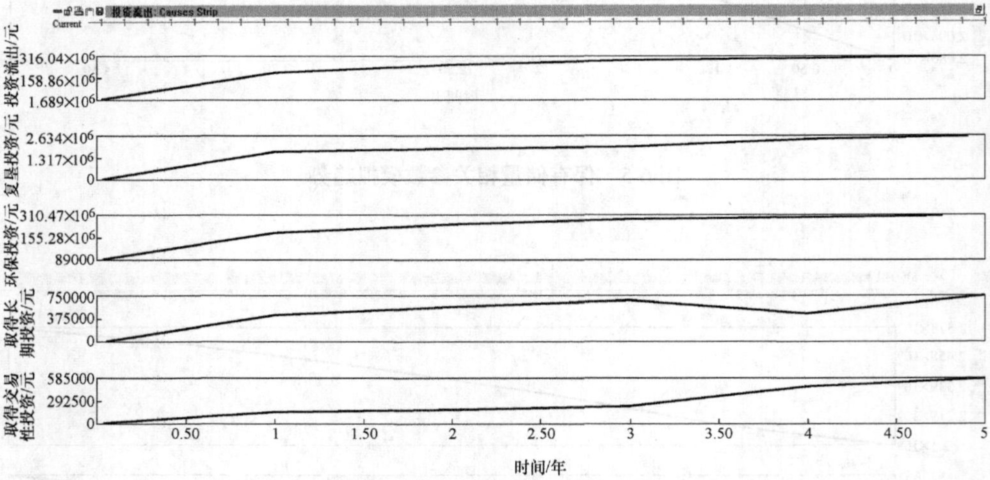

图 6-8　投资流出相关参数模拟趋势

6.4.2　因素仿真运行及结果分析[14~18]

通过研究不确定因素变动对现金流量的影响程度，进一步分析、预测或估算有关数据可能的变化范围，测算项目的风险大小。根据图 6-1 有色金属矿山现金流系统动力学模型，本节运用附录建立的模型相关方程式，结合企业实际设定的参数，选取几个对经营活动、投资活动和筹资活动现金流影响较敏感的因子变量进行仿真运行及结果分析，以帮助决策者优选生产方案，实现经营目标。各活动现金流量模拟数值进行了四舍五入取整。

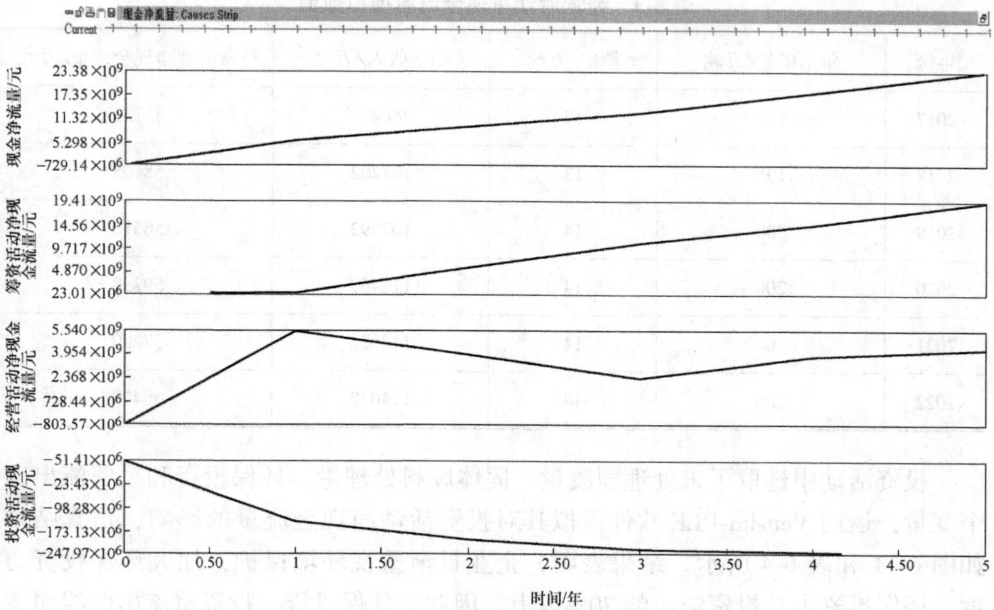

图 6-9 各现金净流量相关参数模拟趋势

经营活动中选取了年出矿量、精矿和经营流入三个变量，运用 Vensim-PLE 软件分别模拟其对经营活动净现金流量的影响，仿真结果如图 6-10 和表 6-3 所示。可以看出，年出矿量增加，精矿量也随之增加，经营流入随着价格波动会有所变动。2019 年、2021 年和 2022 年经营活动净现金流量均出现了下滑趋势。

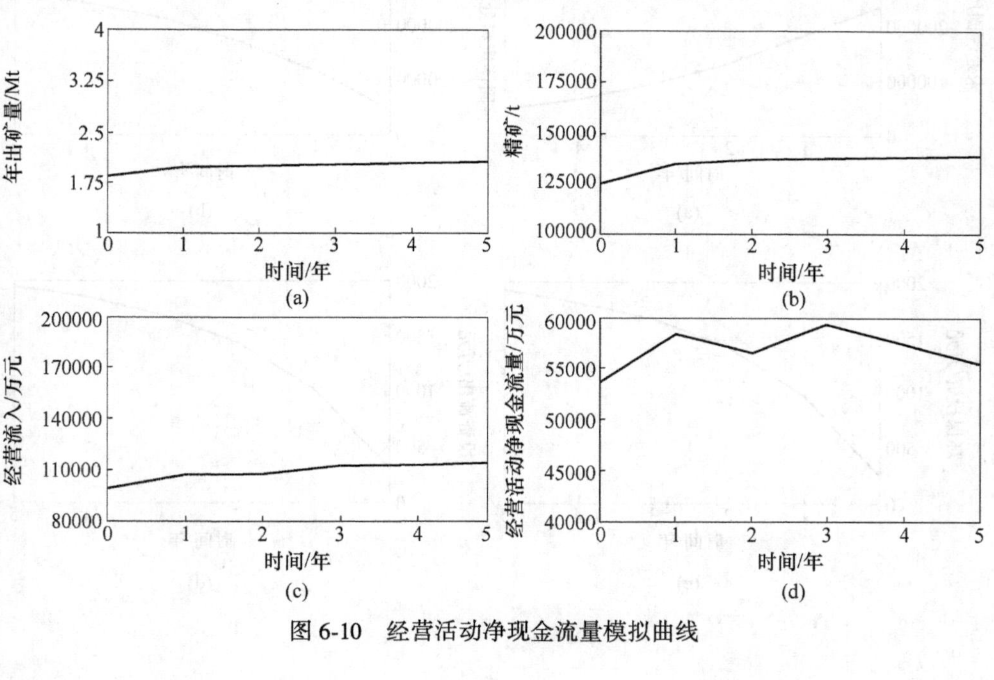

图 6-10 经营活动净现金流量模拟曲线

表 6-3　经营活动净现金流量模拟数值

年份	年出矿量/万吨	精矿/万吨	销售收入/万元	经营活动净现金流量/万元
2017	180	12	99307	53731
2018	195	13	107202	58605
2019	200	14	107592	56510
2020	200	14	112467	59258
2021	200	14	112823	57290
2022	200	14	114078	55479

投资活动中选取了未处理固废量、固体废料处理量、环保投资和投资流出四个变量，运用 Vensim-PLE 软件模拟其对投资活动净现金流量的影响，仿真结果如图 6-11 和表 6-4 所示。结果表明，企业日渐重视环境保护，加大环保投资力度，环保投资占总投资流出的 70%以上。因此，环保投资、投资总流出曲线向上倾斜，未处理废弃物增幅明显减少，曲线向下倾斜，模拟期间，投资流入小于投资流出，导致投资净现金流量出现下降趋势。

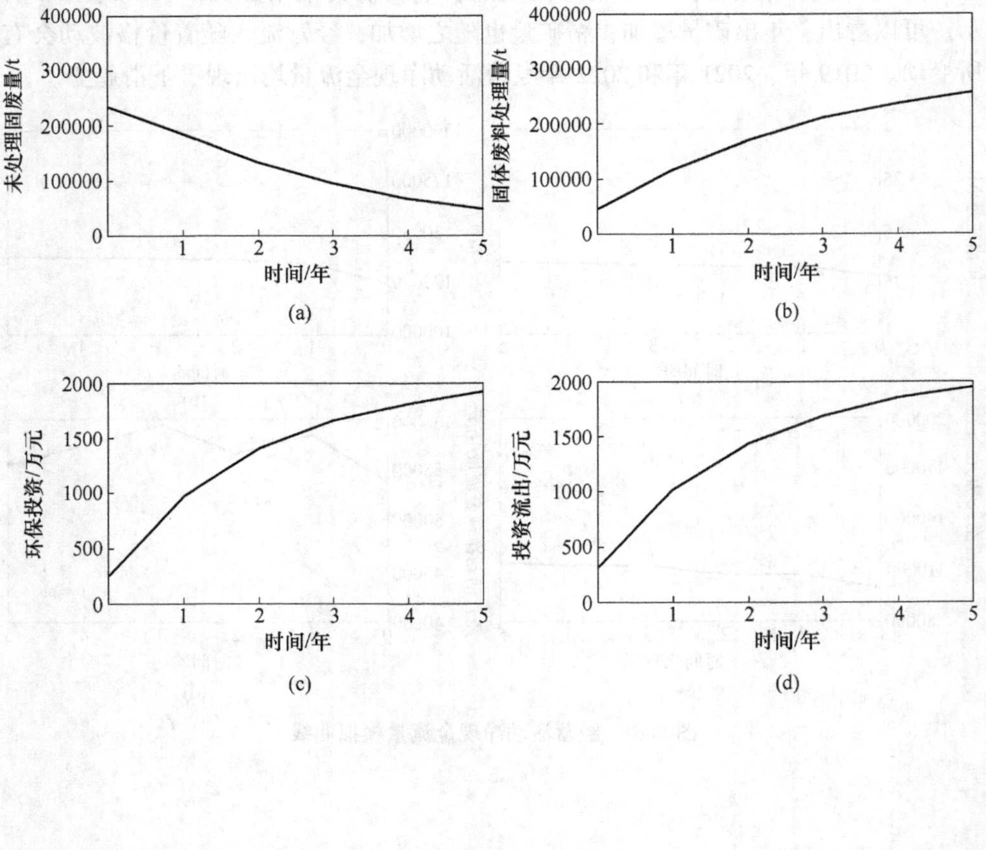

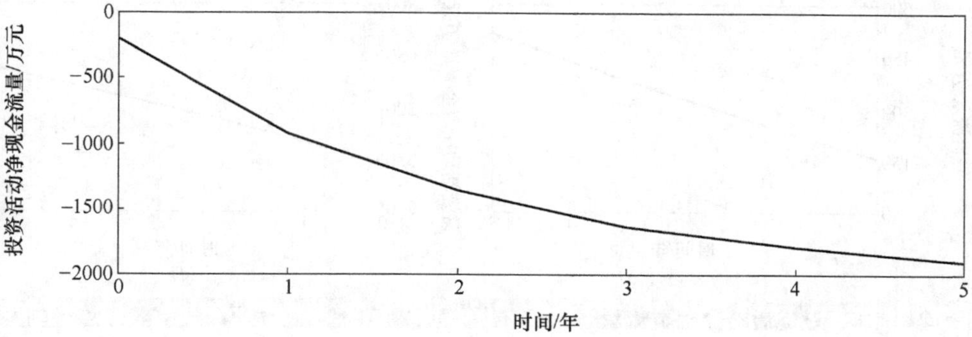

(e)

图 6-11 投资活动净现金流量模拟曲线

表 6-4 投资活动净现金流量模拟数值

年份	未处理固废量/万吨	固体废料处理量/万吨	环保投资/万元	投资流出/万元	投资活动净现金流量/万元
2017	23	5	260	307	−193
2018	18	11	964	1008	−906
2019	13	17	1395	1439	−1347
2020	9	21	1650	1694	−1611
2021	8	24	1805	1850	−1775
2022	5	26	1904	1950	−1882

筹资活动中选取了投资流出、长期负债和筹资流入三个变量，运用 Vensim-PLE 软件模拟其对筹资活动净现金流量的影响，仿真结果如图 6-12 和表 6-5 所示。结果表明，矿山企业投资流出增加后，矿山的资金压力加大，在自有资金不足的情况下，筹资需求量增加，引起企业的筹资流入增加，筹资净现金流量趋于上升趋势。

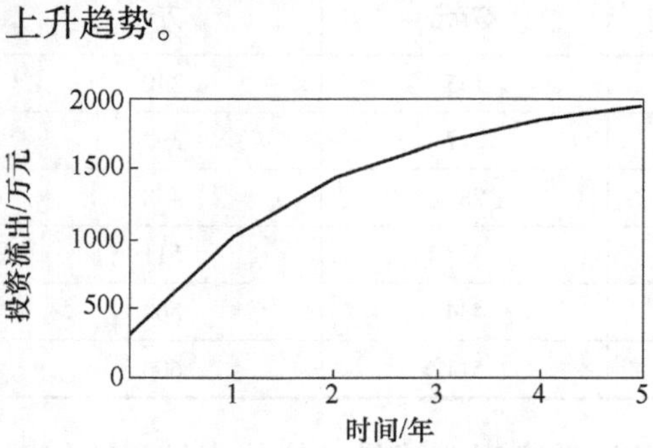

(a)

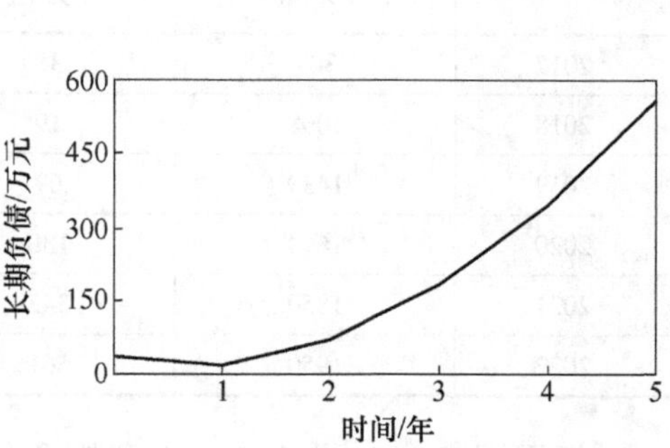

(b)

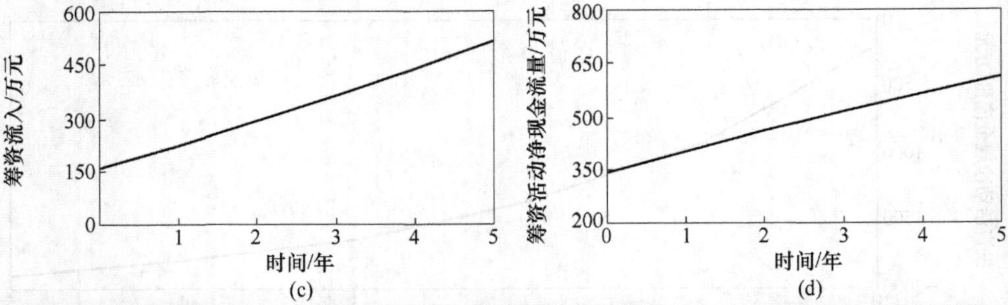

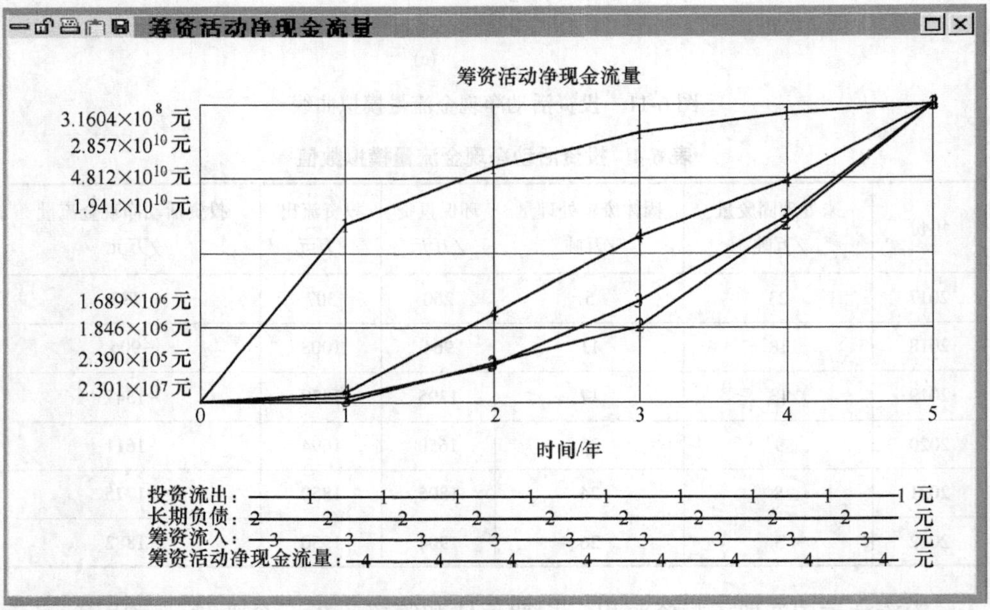

图 6-12　筹资活动净现金流量模拟曲线

表 6-5　筹资活动净现金流量模拟数值

年份	投资流出/万元	长期负债/万元	筹资流入/万元	筹资活动净现金流量/万元
2017	307	35	155	340
2018	1008	19	217	397
2019	1439	69	287	458
2020	1694	180	358	511
2021	1850	345	434	562
2022	1950	561	511	606

根据图 6-10～图 6-12，得到耦合的各活动净现金流量模拟仿真结果，如图 6-13 所示。

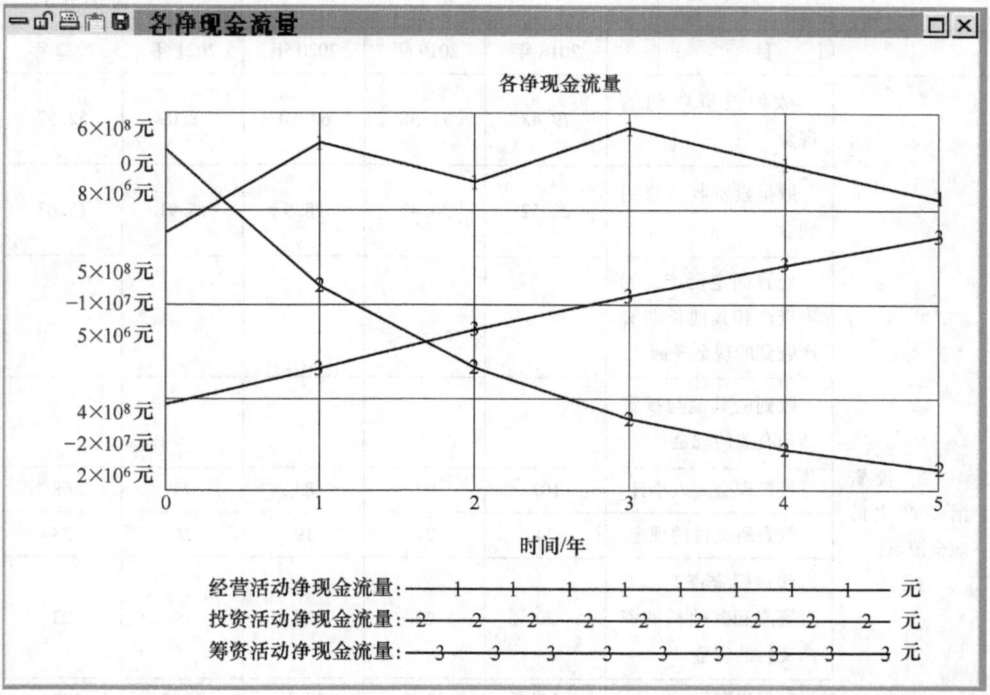

图 6-13 经营活动净现金流量、投资活动净现金流量和筹资活动净现金流量模拟曲线

公司的生产经营规模有大有小，所获得的财务成果及所发生的耗费也会随着规模之大小而变化，因此，财务绝对数指标不具有公司间比较的基础。根据矿山企业经营财务数据基本模拟产生的现金流量见表 6-6。

表 6-6 基本模拟产生的现金流量 （万元）

项目		2018 年	2019 年	2020 年	2021 年	2022 年
一、经营活动产生的现金流量	现销收入	107202	107592	112467	112823	114078
	收回赊销账款					
	其他收入					
	经营现金流入小计	107202	107592	112467	112823	114078
	购买材料支出	12676.74	13784.23	13280.43	14265.56	13789.24
	支付给职工及为职工支付的现金	276.17	287.81	299.29	301.57	333.56
	支付各项税金	792.16	809.40	915.32	936.19	968.09
	支付的其他与经营活动有关的现金	34851.93	36000.56	38784.96	39829.68	43308.11
	经营现金流出小计	48597	50882	53010	55333	58399
	经营活动产生的现金流量净额	58605	56710	59457	57490	55679

续表 6-6

项目		2018 年	2019 年	2020 年	2021 年	2022 年
二、投资活动产生的现金流量	收回投资收到的现金	79.48	71.58	64.50	58.09	52.37
	取得投资收益收到现金	22.52	20.42	18.5	16.91	15.63
	处置固定资产，无形资产和其他长期资产收到的现金净额					
	收到的其他与投资活动有关的现金					
	投资现金流入小计	102	92	83	75	68
	投资所支付的现金	24	21	19	26	23
	购建固定资产，无形资产和其他长期资产支付的现金	20	23	25	19	23
	环保投资	964	1395	1650	1805	1904
	支付的其他与投资活动有关的现金					
	投资现金流出小计	1008	1439	1694	1850	1950
	投资活动产生的现金流量净额	(906)	(1347)	(1611)	(1775)	(1882)
三、筹资活动产生的现金流量	吸收投资现金流入	125	35	35	35	35
	借款现金流入	92.32	251.7	322.9	398.56	475.95
	筹资现金流入小计	217	287	358	434	511
	债务偿还本金	90.62	82.19	85.9	91.41	61.16
	支付利息现金流出	22.42	33.34	12.68	16.53	12.4
	利润分配现金流出	66.96	55.47	54.42	53.12	21.44
	筹资现金流出小计	180	171	153	128	95
	筹资活动产生的现金流量净额	397	458	511	562	606

从企业生命周期来看，导入期、成长期阶段各项投入比较大，资金来源于外部投资，投资净现金流量为负，从表 6-6 模拟的数据来看，矿山处于企业成长发

展期，现金流入主要来自于经营活动净现金流量以及筹资活动净现金流量。另外本模拟中考虑了长短期投资、环保投资等投资，尤其环保投资比重大，因此投资活动净现金流量呈现下降趋势。这种变化趋势基本与矿山发展阶段的规划方案相一致。

6.5 有效性检验

6.5.1 系统的边界检验

本系统参阅了大量资料，进行了必要的调研，并对资料进一步分析研究，以检验模型是否与系统的内部机制一致，因果关系是否合理，模型方程式表述是否合理。本系统选择了保有储量、各活动现金流量等一系列流位变量，年开采量、年投资量等一系列流率变量以及其他外生变量等。从上面一系列模拟产生的曲线图可以看出，趋势图反映的一些数据信息折射出所研究的问题，体现了这些变量以及它们之间的相互关系。因此，可以认为本章所构造模型的边界与实际系统是近似一致的。

6.5.2 运行检验

利用 Vensim PLE 软件的模型检测和单位检测功能，可以对模型方程和单位的正确性以及系统参数的合理性进行检测。从基本模拟产生的数据可以看出基本的数据与矿山发展规划基本相吻合。

6.6 主要政策建议[19~32]

通过对经营、投资、现金流系统基本行为的模拟仿真，本节提出矿山企业财务资金流协调发展战略。

(1) 动态管理矿产资源储量，提升开采回采率，降低矿石贫化率。矿产资源储量是有色金属矿山企业的“生命之源”，因此需要矿山企业利用 ERP 系统进行储量的动态管理，随时把握有效的信息，进行调整控制，这可以为矿山企业进行经济活动提供有效保障，对企业经营决策的制定具有重大指导意义。开采回采率是指采矿过程中采出的矿石或金属量与该采区拥有的矿石或金属储量的百分比。开采回采率与矿山的资源开发利用效益成正比。开采回采率越高，说明采出的矿石越多，丢失在矿井里的矿石越少，矿山的资源开发利用效益越好。采矿贫化率是指计算开采范围内原矿地质品位与采出矿石品位之差与原矿地质品位之间的比值。矿石贫化是指在开采过程中，由于废石、矸石混入或高品位矿石损失，或者部分有用组分溶解或散失，导致采出矿石品位低于开采前计算的工业储量中的矿石地质品位。矿石贫化是考核矿山企业采出矿石质量的指标之一，也是分析采矿方法是否合理的依据之一。矿石贫化率的高低，会影响最终产品的质量好坏，进而影响企业的经济效益。

可以通过集约化生产及标准化矿山建设示范与推广项目推动示范基地的建设，规范矿山建设和开采设计、推动标准化管理模式、人员培训等，将采矿许可证进行整合，扩大矿区面积，使矿产资源开发从粗放型向集约型转变，从无序开发向有序开发转变，资源优势尽快转变为经济优势。通过以上措施，新增远景资源储量也许将大大上升。

由此可见，对于矿山的运营管理，从源头确定矿山储量到开采回采全过程，均需加强动态系统的规模化、集约化管理，提升开采回采率，降低矿石贫化率。

(2) 强化矿山绿色经营理念，走绿色矿山之路。党的十八大提出，大力推进生态文明建设，走循环发展之路；坚持节约资源和保护环境原则，坚持节约优先、保护优先及恢复自然为主的方针。有色金属矿山企业本就是一个提供资源的产地，更应担负起社会的责任，认真贯彻执行党的十八大精神指示，在企业生产运营管理中遵循循环经济和资源节约的理念，并在具体实施中充分体现。因此，在有色金属矿山企业运营管理中，需要从生产源头抓起，如有效管理矿山生产过程中产生的废石、废渣、尾砂，加大复垦被破坏的植被面积。通过示范基地建设，企业年处理矿区废水能力大大增加，减少了废水排放对环境的污染；在原地浸矿开采产生的采空区进行土壤污染治理及生态恢复，使植被恢复率达到90%以上，环境效益显著。

鼓励开发废旧物收集，开展残次矿回收、废水综合回收、尾矿综合利用，在坚持有效开发利用与生态环境的协调发展的经营理念下，给企业带来一定的经济效益。如回收利用尾砂，一方面可提高企业收入，另一方面可减少企业尾砂库的运营成本，从而实现开采回收一体化，实现真正的经济与环境的可持续发展。在生产过程中，伴随产品生产出来的同时，常常会有一些“无用”的物质被废弃掉，如废水、废气和废渣。如果对这些废弃物进行综合利用，经过科学处理或进一步加工生产出新的产品，既可以大大提高资源的利用效率，获得多种产品，又有利于保护环境。如有色冶金工业的尾气可以用来制造硫磺等。

为了综合利用矿物资源及消除对环境的污染，必须采取有效的措施对尾矿进行处理，进行精矿脱水、尾矿的储存和输送、尾矿水的回收再用与净化。粗粒物料的脱水比较容易，一般可采用自然排水，即利用水自身的重力作用排泄出来；但是，细粒物料用自然排水的方法，不但脱水过程很缓慢，而且细粒或细泥物料将随水流失，因此，细粒物料的脱水就比较复杂，一般要分几个阶段来完成。首先建立尾矿库，用于集中处理矿石选别后排出的尾矿或其他工业废渣。为避免工业同农业争水现象、降低选矿厂生产供水系统的基建经营费用、减少工业废水对下游的影响，尾矿水在选矿生产许可的条件下，应通过技术经济比较尽可能多地回收利用，减少向下游排放。尾矿废水经净化处理后回水再用，一方面能解决水源的短缺，减少动力消耗，同时又能减少环境污染。使用回水的方法主要有两种：将尾矿利用浓缩设备进行浓缩处理，将溢流水作为回水使用，将尾矿沉淀池溢流水作为回水使用。

为了推动整个行业保持良好的发展态势，资源型企业需要严格按照环保的要求，控制新增产能，使高污染产能全部退出市场，并且要不断深入供给侧结构性改革。资源型矿山企业是发展循环经济的基本单位，只有各矿山企业根据政策指导，结合矿山企业矿产资源禀赋条件和节约要素，合理地选择矿产资源开采，才能使资源型矿山企业以提升资源技术为基础的竞争力落到实处，大大降低企业的市场风险。

(3) 加大矿山安全投入，保证企业符合法律、法规、标准规定的安全生产条件。目前，国家非常重视矿山安全问题，施工生产必须保证符合相关规范要求，比如，环境影响评价技术导则——总纲（HJ 2.1—2011），环境影响评价技术导则——地面水环境（HJT 2.3—93），地表水环境质量标准（GB 3838—2002），污水综合排放标准（GB 8978—1996），地下水环境监测技术规范（HJ/T 164—2004），环境影响评价技术导则——声环境（HJ 2.4—2009），声环境质量标准（GB 3096—2008），大气污染物综合排放标准（GB 16297—1996），一般工业固体废物储存、处置场污染控制标准（GB 18599—2001），危险废物储存污染控制标准（GB 18597—2001）（2013 年修订），危险废物鉴别标准（GB 5085.1—2007），环境空气质量自动监测技术规范（ HJ-T 193—2005），环境空气质量自动监测技术规范，环境空气质量手工监测技术规范（HJT 194—2005）等。

矿山企业必须安排适当的资金，用于投资，如防火工程、通风工程等安全技术措施工程，以及一系列安全设备、器材、装备、仪器、仪表等；用于购置职工配备的劳动保护用品，投入相关安全生产教育、培训和加强安全文化建设，以及其他有关预防事故发生的安全技术措施费用等。除此以外，随着矿山企业生产规模的逐渐扩大以及矿井生产技术的渐渐完善，设备数量在逐年增加，同时，设备的复杂程度要求设备的可靠性逐步提高。矿山项目所选工艺技术方案必须是成熟可靠的，必须保证能够实现矿产品各种技术要求，同时还必须保证项目生产设备和人员的安全。特别是对于不确定性较大但又必须采用的新工艺技术，必须要有可靠性实验和保障措施，以确保项目的生产连续、设备不被损害以及人员安全等。

(4) 评价矿山项目建设与生产条件的技术可行性与经济可行性。在矿山项目建设过程中，需要对矿区位置、交通及自然地理条件进行科学评价。矿区与主要镇、县、市区的距离，将直接影响到原材料、燃料及动力等的供应成本以及劳动力供应条件。矿区水陆交通状况，将直接影响到运输成本。在可行性研究阶段，应对资源开发利用的可能性和可靠性进行研究和评价，为项目建设规模和开发方案的制订提供依据。资源的有限性要求在开发利用中必须进行评价，以合理利用资源，使项目发挥更大的经济和社会效益。在对资源条件进行评价时，要对项目拟建地区的资源品种、储量和开发条件等进行研究，以便扬长避短，使项目能够取得成功。矿产开采项目应分析计算单位矿产品生产能力投资、单位矿产品的开采成本、露天矿的采剥比、地下矿井的采掘比、财务盈利能力、风险分析等指标，科学研究评价资源是否值得开发利用，能否取得预期的经济效益。

项目主要投入物的价格是影响项目经济效益的关键因素之一。因此，不但要分析主要投入物目前的市场价格，还要预测其未来价格的变化趋势。要估计到原材料供应的弹性和互补性，以保证原材料的合理替换和选择。另外，还需要分析项目所需主要原材料运输费用的大小。燃料及动力是矿业项目建设和生产过程中的基本要素和重要的物质保证，要计算项目生产和建设所需用水量、供水价格对成本的影响。对耗电量大而又要求连续生产的工业项目（如选矿厂项目），需要分析估算项目最大用电量、高峰负荷、备用量、供电来源等，要按生产工艺要求计算日耗电量、年耗电量以及对产品成本的影响。在评估时，还要对生产中其他动力的总需要量进行测算，并分析其对产品成本的影响，分析自备设施投资、规模及设备选型、管网布置的合理性等。

矿业项目工艺方法和过程应符合矿产品生产的客观规律和要求，并能够科学合理地利用资源和人力，减少不必要的资源和时间浪费，使项目运行达到科学高效。项目工艺技术方案的经济性主要表现在矿产品制造成本低而经济效益高等方面，因此，项目工艺技术评价必须对矿产品的制造成本和收益进行分析，然后分析其经济性。

(5) 建立现金流财务预警系统，及时调控资金的合理持有量。有色金属矿产开发是一个系统工程，它受到诸如地理环境、开采技术、矿山储量、资金技术、国家政策等方面的影响，并且多种影响因素相互联系、相互影响、相互制约。而在整个系统的影响因素中，现金流管理是企业发展的血液。根据系统论的观点，如何根据矿产资源开采的特点将有色金属矿山运营系统通过各项财务指标来全面反映企业的运营状况显得尤为重要。

为了确保现金流入源源不断，需要采取各种有效形式补充平台资本金，增强平台可持续融资能力，降低负债率；通过引入包括大型企业、民间资本等战略投资者，实现投资主体多元化；同时也需要控制不必要的现金支出，可以优化平台项目结构，重点支持有色金属深加工及应用项目，做好项目的详细论证、建设以及运营工作。

基于仿真结果，投资决策前应尽可能收集详细投资数据资料，预计企业未来现金流量的变化趋势，及时了解现金的结余情况，提前做好资金不足的应对策略，提高资金盈利能力。在经营活动中，净现金流量为负时，需要降低生产成本，优先开采富矿；在生产性投资活动中，净现金流量为负时，需要做好方案优选，提前谋划筹资；在筹资活动中，应注意筹资方式、筹资成本等，控制好筹资时间，避免资金链断裂产生的风险。

因此，需要建立一个现金流财务预警系统，确保现金流在数量、时间以及结构比例的动态平衡，确保现金流入时间、现金流入方式、现金流入量、现金流出时间、现金流出方式、现金流出量等具体运作程序完善，确保现金流动性和收益性的对立统一，保持现金的合理持有量。

本章小结

本章主要是对第5章建立的模型进行具体化的实际操作应用。通过对模型进行一些调整、假设与参数估计，将一个露天矿山企业面临的财务风险预警情况应用到新建的模型中。通过对某一露天矿山企业现金流量进行准确的预测模拟仿真分析，对模拟出来的结果进行有效性的一次检验，深入了解了该矿山企业各个现金活动阶段的变动规律，进而指导企业制度高效准确的资金筹措、使用计划，为管理者科学决策提供可靠依据。

仿真结果与实际基本相符，说明本书所构建的现金流预警模型具有较好的适用性。本模型不仅适用于有色金属矿山企业现金流预警仿真，也可推广至一般的工业企业。但模型仿真需要详细的企业运营数据，数据越详尽，仿真结果越精确。

参考文献

[1] 李淦．江铜永平铜矿预算定额的应用研究［D］．南昌：南昌大学，2010.

[2] John D. Sterman. Business dynamics systems thinking and modeling for a complex world［M］. Boston：McGraw—Hill，2000.

[3] Kaplan S N，RUBACK，RICHARD S. The Valuation of Cash Flow Forecasts：An Empirical Analysis［J］. Journal of Finance，2012，50（4）：1059~1093.

[4] Myungsun Kim，William Kross. The Ability of Earnings to Predict Future Operating Cash Flows Has Been Increasing-Not Decreasing［J］. Journal of Accounting Research，2005，43（5）：753~780.

[5] Cheng C S A，Hollie Dana. The Persistence of Cash Flow Components into Future Cash Flows［J］. Ssrn Electronic Journal，2004（17）：1~31.

[6] Mary E Barth，Donald E Cram，Karen K Nelson. Accruals and the Prediction of Future Cash Flows［J］. The Accounting Review，2001，76（1）：27~58.

[7] 刘思岐．基于系统动力学的企业现金流量预测模型研究［D］．北京：华北电力大学，2013.

[8] 杨文雅．基于系统动力学的企业现金流量分析［J］．石家庄经济学院学报，2013，36（2）：73~76.
[9] 何丽．系统动力学在 PVC 企业财务预测中的应用研究［D］．赣州：江西理工大学，2011.
[10] 樊巧利．基于系统动力学的企业现金流量预测研究［D］．保定：河北农业大学，2016.
[11] 邓国春．基于系统动力学的矿区生态环境系统研究及应用［D］．赣州：江西理工大学，2008.
[12] 刘勤兰．基于系统动力学的有色金属矿山企业运营仿真［D］．赣州：江西理工大学，2009.
[13] 程平平．中小型矿山废弃地整治的民间投资模式初探［J］．江苏建筑职业技术学院学报，2012，12（1）：41~43.
[14] 黄健柏，陈芳，邵留国．有色金属价格波动预测预警系统研究展望［J］．价格理论与实践，2012（6）：85~87.
[15] 荣岩岩．有色金属矿山企业现金流预警研究［D］．赣州：江西理工大学，2014.
[16] 丁长起．可持续发展的矿业资源开发模式分析［J］．资源节约与环保，2014（3）：60.
[17] 胡振亚，白瑞，胡晓华．矿产资源开发与环境保护协调发展的技术支撑［J］．科技与经济，2012，25（3）：16~20.
[18] 刘贻玲．有色金属矿山企业财务风险预警系统仿真实证分析［J］．经济管理，2015（12）：368~370.
[19] 吴中春．企业动态财务规划系统研究［J］．会计研究，2009（4）：31~38.
[20] 环境保护部环境工程评估中心．HJ 2.1—2016，环境影响评价技术导则 总纲［S］．北京：中国环境科学出版社，2017.
[21] 环境保护部环境工程评估中心．HJ 2.3—2018，环境影响评价技术导则 地面水环境［S］．北京：中国环境科学出版社，2019.
[22] 中国环境科学研究院．GB 3838—2002，地表水环境质量标准［S］．北京：中国环境科学出版社，2002.
[23] 北京市环境保护科学研究院．GB 8978—1996 污水综合排放标准［S］．北京：中国标准出版社，1998.
[24] 中国环境监测总站．HJ/T 164—2004 地下水环境监测技术规范［S］．北京：中国环境科学出版社，2004.
[25] 环境保护部环境工程评估中心．HJ 2.4—2009 环境影响评价技术导则 声环境［S］．北京：中国环境科学出版社，2010.
[26] 中国环境科学研究院．GB 3096—2008，声环境质量标准［S］．北京：中国环境科学出版社，2008.
[27] 国家环境保护局．GB 16297—1996 大气污染物综合排放标准［S］．北京：中国标准出版社，1997.
[28] 原冶金部马鞍山矿山研究院．GB 18599—2001 一般工业固体废物贮存、处置场污染控制标准［S］．北京：中国环境科学出版社，2002.

[29] 沈阳环境科学研究所．GB 18597—2001 危险废物贮存污染控制标准（2013 年修订）[S]. 北京：中国环境科学出版社，2013.
[30] 中国环境科学研究院固体废物污染控制技术研究所．GB 5085.1—2007 危险废物鉴别标准 [S]. 北京：中国环境科学出版社，2007.
[31] 中国环境监测总站．HJ-T 193—2005 环境空气质量自动监测技术规范 [S]. 北京：中国环境科学出版社，2006.
[32] 中国环境监测总站．HJT 194—2005 环境空气质量手工监测技术规范 [S]. 北京：中国环境科学出版社，2006.

附录　模型主要方程式

(001) A 主精矿销售量 = “A 精矿(主)” × 销售比例 1　　单位：t

(002) “A 精矿(主)” = 精矿含金量 × A 精矿率(主)　　单位：t

(003) 伴生精矿销售量 = “B 精矿(伴生)” × 销售比例 2　　单位：t

(004) “B 精矿(伴生)” = 精矿含金量 × B 精矿率(伴生)　　单位：t

(005) C 伴生精矿销售量 = “C 精矿(伴生)” × 销售比例 3　　单位：t

(006) “C 精矿(伴生)” = 精矿含金量 × C 精矿率(伴生)　　单位：t

(007) 交易性投资收益 = 交易性金融资产投资 × 交易性投资收益率　　单位：元

(008) 交易性金融资产投资 = INTEG(+取得交易性投资 - 收回交易性投资,交易性投资初值)　　单位：元

(009) 保有储量 = INTEG (+年增储量 - 年开采量,储量初值)　　单位：t

(010) 借入短期借款 = IF THEN ELSE(现金差异 < 0, - 现金差异, 0)　　单位：元

(011) 借入长期负债 = (留存利润 - 投资流出) × 长期负债比例　　单位：元

(012) 偿还短期借款 = 短期借款/短期借款期限　　单位：元

(013) 偿还长期负债 = 长期负债/长期负债期限　　单位：元

(014) 储采比 = 保有储量/年开采量　　单位：Dmnl

(015) 全部现金流量比率 = 经营活动净现金流量/(投资流出 + 筹资流出)　　单位：Dmnl

(016) 盈余公积金 = INTEG (提取盈余公积金 - 盈余公积金转入资本，盈余公积金初值)　　单位：元

(017) 盈余公积金转入资本 = 盈余公积金 × 转入资本比　　单位：元

(018) 净利润 = 利润总额 × (1 - 所得税率)　　单位：元

(019) 出矿品位 = 原矿品位 × (1 - 贫化率)　　单位：Dmnl

(020) 利息 = 长期负债利息 + 短期借款利息　　单位：元

(021) 利润总额 = 销售收入 + 投资收益 - 营业税金及附加 - 总成本　　单位：元

(022) 劳保材料采购额 = 劳保材料单价 × 劳保材料购买量　　单位：元

(023) 单位选矿综合成本 = 吨选矿材料费用 + 吨选矿燃料动力费 + 吨选矿辅助材料费用 + 吨选矿人工费用 + 制造费用 2　　单位：元

(024) 单位采矿综合成本 = 吨原矿材料费用 + 吨原矿燃料动力费 + 吨原矿辅助材料费用 + 吨原矿人工费用 + 制造费用 1　　单位：元

(025) 即付比率 = 经营活动净现金流量/流动负债　　单位：Dmnl

(026) 去世 = INTEGER(离退休总数 × 去世比率)　　单位：人

(027) 取得交易性投资 = 交易性投资计划(Time)　　单位：元

(028) 取得长期投资=长期投资计划(Time)　单位：元

(029) 各项税费=城教税+资源税+资源补偿费+销项税额-进项税额+所得税　单位：元

(030) 固体废料产生量=单位固体废料产生量×年出矿量　单位：t

(031) 固体废料处理投资=固体废料处理单位成本×固体废料处理量　单位：元

(032) 固体废料处理量=固体废料累计量×固体废料处理率　单位：t

(033) 固体废料累计量= INTEG (+固体废料产生量-固体废料处理量, 固体废料初始值)　单位：t

(034) 地下损失量=年开采量×采矿损失率　单位：t

(035) 坏账损失=SMOOTH(应收账款×坏账率, 坏账时间)

(036) 城教税=(销项税额-进项税额)×城教税率　单位：元

(037) 复垦投资=环境破坏治理×单位复垦成本　单位：元

(038) 安全成本=安全措施费+安全检测维护费　单位：元

(039) 尾矿含金量=年原矿处理量-精矿含金量　单位：t

(040) 尾矿品位=尾矿含金量/尾矿量

(041) 尾矿量=年原矿处理量-精矿量　单位：t

(042) 尾砂处理量=固体废料处理量×尾砂回收利用率　单位：t

(043) 工资总额=现场技术人员工资+现场操作工工资+科室技术人员工资+管理人员工资　单位：元

(044) 年出矿量=年开采量-地下损失量　单位：t

(045) 年原矿处理量=年选矿量×(1-选矿理论回收率)　单位：t

(046) 年增储量=(探明储量(Time)+潜在储量)/服务年限　单位：t

(047) 年增选矿量=年出矿量×年增选矿率　单位：t

(048) 年开采量=保有储量×(1-采矿损失率)　单位：t

(049) 年选矿量= INTEG (+年增选矿量-年原矿处理量,年选矿量初值)　单位：t

(050) 库存材料= INTEG (+材料增加-材料耗用,库存材料初值)　单位：t

(051) 应交税费= INTEG (各项税费-支付各项税费,应交税费初值)　单位：元

(052) 应付工资= INTEG (工资总额-支付职工工资现金,应付工资初值)　单位：元

(053) 应付账款= INTEG (+赊销含税采购额-赊购支付现金,应付账款初值)　单位：元

(054) 应收账款=INTEG (+赊销含税销售收入-坏账损失-赊销收回现金,应收账款初值)　单位：元

(055) 废气产生量=单位废气产生量×年出矿量　单位：t

(056) 废气处理投资=废气处理单位成本×废气处理量　单位：元

(057) 废气处理量=废气累计量×废气处理率　单位：t

(058) 废气累计量= INTEG（废气产生量-废气处理量,废气累计初始值） 单位：t
(059) 废水产生量=单位废水产生量×年出矿量 单位：t
(060) 废水处理投资=废水处理单位成本×废水处理量 单位：元
(061) 废水处理量=废水累计量×(废水自然净化率+废水处理率) 单位：t
(062) 废水累计量= INTEG（废水产生量-废水处理量,废水累计初始值） 单位：t
(063) 总成本=行政管理费用+财务费用+运营成本+销售费用+折旧 单位：元
(064) 房屋建筑物= INTEG（+新增房屋建筑物-房屋建筑物折旧,房屋建筑物初值） 单位：元
(065) 房屋建筑物折旧=房屋建筑物/房屋建筑物折旧年限 单位：元
(066) 所得税=IF THEN ELSE(利润总额>0, 利润总额×所得税率，0） 单位：元
(067) 投入股本=ABS((投资流出-留存利润)×投入资本比例） 单位：元
(068) 投入资本比例=1-长期负债比例
(069) 投资收益=长期投资收益+交易性投资收益 单位：元
(070) 投资活动净现金流量=投资流入-投资流出 单位：元
(071) 投资流入=收回交易性投资+收回长期投资+交易性投资收益+长期投资收益 单位：元
(072) 投资流出=取得交易性投资+新增房屋建筑物+新增生产性建筑物+新增辅助生产性建筑物+新增选矿设备+取得长期投资+新增采矿设备+复垦投资+环保投资 单位：元
(073) 折旧=房屋建筑物折旧+生产性建筑物折旧+辅助生产性建筑物折旧+选矿设备折旧+采矿设备折旧 单位：元
(074) 提取盈余公积金=净利润×盈余公积金计提比 单位：元
(075) 支付各项税费=应交税费/税金支付期 单位：元
(076) 支付职工工资现金=应付工资/工资支付期 单位：元
(077) 收回交易性投资=交易性金融资产投资/交易性投资期限 单位：元
(078) 收回长期投资=长期投资/长期投资期限 单位：元
(079) 新增现场技术人员=INTEGER(现场技术人员-现场技术人员需求量) 单位：人
(080) 新增现场操作工=INTEGER(现场操作工-现场操作工需求量) 单位：人
(081) 新增科室技术人员=INTEGER(科室技术人员-科室技术人员需求量) 单位：人
(082) 新增管理人员=INTEGER(管理人员-管理人员需求量) 单位：人
(083) 未处理固废量=固体废料产生量-固体废料处理量 单位：t
(084) 未处理废气量=废气产生量-废气处理量 单位：t
(085) 未处理废水量=废水产生量-废水处理量 单位：t

（086）材料增加=劳保材料购买量+选矿试剂购买量+采矿辅助材料购买量+采选机械配件购买量　单位：t

（087）材料耗用=选矿试剂耗用+采选机械配件耗用量+采矿辅助材料耗用+劳保材料耗用　单位：元

（088）材料采购额=采矿辅助材料购买额+采选机械配件采购额+劳保材料采购额+选矿试剂采购额　单位：元

（089）每股经营现金净流量=经营活动净现金流量/普通股股数

（090）流动负债=应付工资+短期借款+其他流动负债+应付账款+应交税费　单位：元

（091）潜在储量=可能矿体 A×矿体 A 概率+可能矿体 B×矿体 B 概率　单位：t

（092）环保投资=废气处理投资+废水处理投资+固体废料处理投资　单位：t

（093）环境破坏= INTEG（环境破坏程度-环境破坏治理，环境破坏初值）

（094）环境破坏治理=土地复垦及景观恢复计划（Time）

（095）环境破坏程度=年出矿量×单位环境破坏面积

（096）现场技术人员=INTEG（新增现场技术人员-现场离退技术人员，现场技术人员初值）

（097）现场技术人员培训费=现场技术人员年培训费（Time）×现场技术人员　单位：元

（098）现场技术人员工资=现场技术人员年均工资标准（Time）×现场技术人员　单位：元

（099）现场技术人员开支=现场技术人员工资+现场技术人员培训费　单位：元

（100）现场技术人员需求量=INTEGER（现场技术人员需求比例（Time））　单位：人

（101）现场操作工= INTEG（新增现场操作工-现场操作工离退人员，现场操作工初值）　单位：人

（102）现场操作工培训费=现场操作工年培训费（Time）×现场操作工

（103）现场操作工工资=现场操作工年均工资标准（Time）×现场操作工　单位：元

（104）现场操作工开支=现场操作工工资+现场操作工培训费　单位：元

（105）现场操作工离退人员=INTEGER（现场操作工×现场操作工离退率）单位：人

（106）现场操作工需求量=INTEGER（现场操作工需求比例（Time））

（107）现场离退技术人员=INTEGER（现场技术人员×现场技术人员离退率）　单位：人

（108）现购支付现金=（材料采购额+进项税额）×现购比例　单位：元

（109）现金= INTEG（+现金净流量，现金初值）　单位：元

（110）现金净流量=筹资活动净现金流量+经营活动净现金流量+投资活动净现金流量　单位：元

(111) 现金差异=-现金-最小现金量 单位：元
(112) 现金差异与留存利润比率=现金差异/留存利润
(113) 现金股利保障倍数=经营活动净现金流量/股利分配 单位：元
(114) 现金负债比率=经营活动净现金流量/负债总额
(115) 现销收回现金=销售收入×现销比例 单位：元
(116) 生产性建筑物= INTEG（新增生产性建筑物-生产性建筑物折旧，生产性建筑物初值） 单位：元
(117) 生产性建筑物折旧=生产性建筑物/生产性建筑物折旧年限 单位：元
(118) 留存利润=INTEG（+净利润-股利分配-提取公积金,留存利润初值） 单位：元
(119) 短期借款=INTEG（+借入短期借款-偿还短期借款-短期借款利息,短期借款初值） 单位：元
(120) 短期借款利息=短期借款×短期借款利率 单位：元
(121) 离退休总数= INTEG（管理离退人员+科室离退人员+现场操作工离退人员+现场离退技术人员-去世,离退休人员初值） 单位：人
(122) 科室技术人员= INTEG（+新增科室技术人员-科室离退人员，科室技术人员初值） 单位：人
(123) 科室技术人员培训费=科室技术人员年培训费(Time)×科室技术人员 单位：元
(124) 科室技术人员工资=科室技术人员年均工资标准(Time)×科室技术人员 单位：人
(125) 科室技术人员开支=科室技术人员工资+科室技术人员培训费 单位：元
(126) 科室技术人员需求量=INTEGER(科室技术人员需求比例(Time)) 单位：人
(127) 科室离退人员=INTEGER(科室技术人员×科室人员离退率) 单位：人
(128) 筹资活动净现金流量=筹资流入-筹资流出 单位：元
(129) 筹资流入=借入短期借款+借入长期负债+投入股本 单位：元
(130) 筹资流出=偿还短期借款+偿还长期负债+短期借款利息+长期负债利息+股利分配 单位：元
(131) 管理人员=INTEG(+新增管理人员-管理离退人员,管理人员初值) 单位：人
(132) 管理人员培训费=管理人员年培训费(Time)×管理人员 单位：元
(133) 管理人员工资=管理人员年均工资标准(Time)×管理人员 单位：元
(134) 管理人员开支=管理人员工资+管理人员培训费 单位：元
(135) 管理人员需求量=INTEGER(管理人员需求比例(Time)) 单位：人

(136) 管理离退人员=INTEGER(管理人员×管理人员离退率)　单位：人
(137) 精矿含金量=出矿品位×年原矿处理量×选矿理论回收率　单位：t
(138) 精矿品位=精矿含金量/精矿量
(139) 精矿量=年原矿处理量×精矿采率　单位：t
(140) 累计投资活动净现金流量=INTEG(+投资流入-投资流出，投资活动净现金流量初值)　单位：元
(141) 累计折旧=INTEG (采矿设备折旧+房屋建筑物折旧+辅助生产性建筑物折旧+生产性建筑物折旧+选矿设备折旧,累计折旧初值)　单位：元
(142) 累计筹资活动净现金流量=INTEG (+筹资流入-筹资流出，筹资活动净现金流量初值)　单位：元
(143) 累计经营活动净现金流量=INTEG (+经营流入-经营流出，经营活动净现金流量初值)　单位：元
(144) 经营活动净现金流量=经营流入-经营流出　单位：元
(145) 经营流入=现销收回现金+赊销收回现金　单位：元
(146) 经营流出=行政管理费用+赊购支付现金+现购支付现金+运营成本+销售费用+支付各项税费　单位：元
(147) 经营现金流入流出比=经营流入/经营流出
(148) 维简费=(采矿设备净值+选矿设备净值)×维简费率　单位：元
(149) 职工人数=管理人员+科室技术人员+现场操作工+现场技术人员　单位：人
(150) 职工培训费=管理人员培训费+科室技术人员培训费+现场操作工培训费+现场技术人员培训费　单位：元
(151) 股利分配=净利润×股利支付率
(152) 股本= INTEG (+投入股本-股本减资,股本初值)　单位：元
(153) 营业税金及附加=城教税+资源补偿费+资源税　单位：元
(154) 负债总额=长期负债+流动负债　单位：元
(155) 财务费用=利息　单位：元
(156) 资本购置比率=经营活动净现金流量/投资流出
(157) 资源税=年选矿量×资源税率　单位：元
(158) 资源补偿费=销售收入×开采回采系数×资源补偿费率　单位：元
(159) 赊购支付现金=应付账款/应付账款付款期
(160) 赊销含税采购额=(材料采购额+进项税额)×(1-现购比例)　单位：元
(161) 赊销含税销售收入=(销售收入+销项税额)×(1-现销比例)　单位：元
(162) 赊销收回现金=应收账款/应收账款收款期
(163) 辅助生产性建筑物= INTEG(+新增辅助生产性建筑物-

辅助生产性建筑物折旧,辅助生产性建筑物初值 单位: 元

(164) 辅助生产性建筑物折旧=辅助生产性建筑物/辅助生产性建筑物折旧年限 单位: 元

(165) 运营成本=安全成本+运输成本+选矿成本+采矿成本+维简费+探矿费用(Time)+职工培训费+工资总额 单位: 元

(166) 运输成本=年选矿量×单位运输成本 单位: 元

(167) 进项税额=材料采购额×采购增值税率 单位:元

(168) 退休人员工资=离退休总数×退休人员工资率 单位:人

(169) 选矿实际回收率=(精矿含金量×精矿品位)/(年原矿处理量×原矿品位)

(170) 选矿成本=年选矿量×单位选矿综合成本 单位: 元

(171) 选矿设备净值=INTEG (新增选矿设备-选矿设备折旧,选矿设备初值) 单位: 元

(172) 选矿设备折旧=选矿设备净值/选矿设备折旧年限 单位: 元

(173) 选矿试剂耗用=年选矿量×单位选矿耗用 单位: t

(174) 选矿试剂采购额=选矿试剂单价×选矿试剂购买量

(175) 采矿成本=单位采矿综合成本×年出矿量 单位: 元

(176) 采矿设备净值=INTEG (+新增采矿设备-采矿设备折旧,采矿设备初值) 单位: 元

(177) 采矿设备折旧=采矿设备净值/采矿设备折旧年限 单位: 元

(178) 采矿辅助材料耗用=年选矿量×单位辅助材料耗用

(179) 采矿辅助材料购买额=采矿辅助材料购买量×采矿辅助材料单价 单位: 元

(180) 选矿机械配件耗用量=更新量×年更新次数 单位: t

(181) 采选机械配件采购额=采选机械配件购买量×采选机械配件单价 单位: 元

(182) 销售收入=A 主精矿价格(Time)×A 主精矿销售量+B 伴生精矿价格(Time)×B 伴生精矿销售量+C 伴生精矿价格(Time)×C 伴生精矿销售量 单位: 元

(183) 销售费用=销售收入×销售费用率 单位: 元

(184) 销项税额=销售收入×销售增值税率 单位: 元

(185) 长期投资=INTEG(+取得长期投资-收回长期投资, 长期投资初值) 单位: 元

(186) 长期投资收益=长期投资×长期投资收益率 单位: 元

(187) 长期负债=INTEG(+借入长期负债-偿还长期负债,长期负债初值) 单位: 元

(188) 长期负债利息=长期负债×长期负债利率 单位: 元

(189) 借入长期负债=IF THEN ELSE(留存利润-投资流出<0,((投资流出-留存利润)×长期负债比例), 0)